FORSCHUNGSBERICHT DES LANDES NORDRHEIN-WESTFALEN

Nr. 2605/Fachgruppe Physik/Mathematik

Herausgegeben im Auftrage des Ministerpräsidenten Heinz Kühn
vom Minister für Wissenschaft und Forschung Johannes Rau

Dipl.-Math. Norbert Therstappen

Lehrstuhl für Mathematik Fachrichtung Operations Research
der Rhein.-Westf. Techn. Hochschule Aachen

Ein stochastisches Mehrebenenlagersystem mit Sicherheitslager

Prof. Dr. rer. nat. Rolf Kaerkes
Dr. rer. nat. Helmut Neffke

Lehrstuhl für Mathematik Fachrichtung Operations Research
der Rhein.-Westf. Techn. Hochschule Aachen

Stochastische Prozesse mit unabhängigen und stationären Zuwächsen in der Lagerhaltung

Westdeutscher Verlag 1976

Gesamtherstellung: Westdeutscher Verlag

ISBN 978-3-531-02605-3 ISBN 978-3-322-88590-6 (eBook)
DOI 10.1007/978-3-322-88590-6

Inhalt

Teil I:

Ein stochastisches Mehrebenenlagersystem mit Sicherheitslager

von Norbert Therstappen

Zusammenfassung

Bei den in der Literatur dargestellten Mehrebenenlagersystemen wird negativer Bestand der Einzelläger vollständig an ein Zentrallager weitergegeben. In dieser Arbeit werden Anlagen definiert, bei denen ein Sicherheitslager nur gewisse "Spitzennachfragen" beliefert. In (1.3) wird ein Ausgleichsvektor D_ν^k eingeführt, mit dem die Engpaß- und Lieferpolitikfunktionen für zwei verschiedene Sicherheitslagersysteme aufgestellt werden. Für diese Mehrebenenanlagen (S) und (K) werden in Abschnitt (2.2) die Kostenvektoren entwickelt. Die Existenz optimaler Politiken ergibt sich aus den Sätzen von Veinott. In Paragraph (4.1) werden die Kostenfunktionen als diskrete Prozesse untersucht. Mittels der nachgewiesenen Submartingaleigenschaften für die erwarteten diskontierten Kosten $(f_j(\overline{Y})|x_1))_{j\in\mathbb{N}}$ sowie unter gewissen Voraussetzungen auch für die Fehlmengenkosten $(p(v_n^S))_{n\in\mathbb{N}}$ läßt sich die Wahrscheinlichkeit abschätzen, mit der ein vom Unternehmen vorgegebener Kostenwert überschritten wird. Die Arbeit schließt mit der für die Optimierung wichtigen Konvexitätsuntersuchungen der Kostenvektoren.

1. Die Systemstruktur von Mehrebenenlageranlagen mit Zentral- bzw. Sicherheitslager

1.1 Einführung

Im Verkaufsbereich eines Fertigungsbetriebes tritt die Nachfrage nach einem Produkt häufig im Kleinhandelsbereich auf, wobei diese Niederlassungen z.B. geographisch weit verstreut liegen können. Diese Betriebe unterhalten in der Regel zusätzlich ein oder mehrere Großläger, die die Nachfrage der Einzelhändler befriedigen und gleichzeitig die Lager bzw. Transportkosten senken können (vgl. [3]). Als Beispiel für eine solche Struktur läßt sich das europäische Verkaufsnetz im Automobil- wie im Verlagsbereich ansehen.

Zur Beschreibung eines solchen Mehrebenensystems wird ein Periodenmodell vom Arrow-Harris-Marschak Typ [1] verwendet. Das bedeutet, daß der $\mathbb{R}^1_+$ in disjunkte Intervalle $[o,t_1],\ldots$ $\ldots,]t_i,t_{i+1}]\ldots$ zerlegt wird, wobei die Punkte $o,t_1,t_2,\ldots$ die Inspektionspunkte des Systems sind. Die Nachfrage nach dem Produkt eines Lagers k (k=1,2,...,n) in Periode i wird gegeben durch eine Zufallsvariable ξ_{ik}. Es sei $\xi_i=(\xi_{ik})$ und $\Phi_i(\cdot)$ seine gemeinsame Verteilung. Außerdem fordern wir, daß die Zufallsvektoren $\xi_1,\xi_2,\ldots$ unabhängig und nicht negativ sind und endliche Erwartungswerte haben. Die Zufallsvariablen $\xi_{i1},\ldots,\xi_{im}$ können abhängig sein.

$x_i=(x_{ij})$ sei der Bestandsvektor zu Beginn jeder Periode (vor Lieferung der Bestellung). Ist x_{ij} negativ, dann befindet sich zu Beginn der Periode i kein Warenbestand im Lager j, und der Betrag $-x_{ij}$ bildet einen noch zu befriedigenden Nachfragerückstand (backlogging). Mit $y_i=(y_{ij})$ wird der Bestandsvektor nach der Bestellung, die ohne Lieferverzögerung geliefert wird, bezeichnet, so daß der Vektor y_i-x_i die Bestellmengen in der Periode i angibt. y_i wird dabei aus einer speziellen Menge $\mathfrak{D}_i$ von n-Vektoren reeller Zahlen gewählt und muß der Bedingung

$$(1.1.1) \qquad y_i \geq q_i(x_i)$$

gehorchen. $q_i(x_i) = (q_{ij}(x_i))$ ist ein n-Vektor numerischer Funktionen auf $\mathfrak{X}_i$ (z.B. $\mathfrak{X}_i = \mathbb{R}^n$ ist eine Menge von n-Vektoren reeller Zahlen, aus denen die x_i sind). In der Lagerhaltungstheorie benutzt man häufig die Funktion $q_i(x_i) = x_i$.

Es sei noch erwähnt, daß im backlogging Fall der Prozeß der Nachfrage mit der zeitlichen Entwicklung der Umsatzwerte identifiziert werden kann. Diese bilden in ihrem zeitlichen Ablauf eine Zeitreihe (vgl. Abb.1). Für diese Zeitreihe läßt sich, z.B. mittels multipler Regression, eine Kurve bestimmen, die sowohl für Prognosezwecke als auch für die praktische Handhabung des Sicherheitslagers von Nutzen ist.

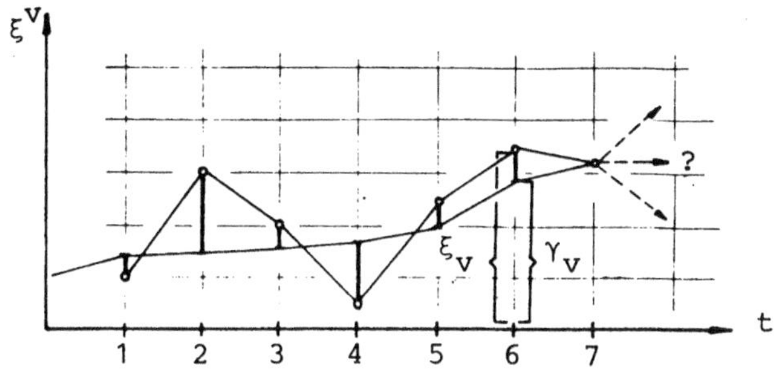

Abb. 1

1.2 Das Zentrallagersystem

In der Literatur werden Mehrebenenlagersysteme, multi-echelon inventory systems, seit 1960 behandelt, Clark und Scarf [5] untersuchten ein aus n-Anlagen bestehendes Mehrperiodenmodell, bei dem die Anlagen in einer Reihe geschaltet waren, d.h. Anlage j(>1) wird von Anlage j-1 beliefert, wobei jedoch Nachfrage bei jedem Lager auftreten kann. In diesem Modell ist Lager 1 als Zentrallager strukturiert. Backlogging kann also nur dort auftreten.

Eine wesentlich allgemeinere Untersuchung des Mehrebenensystems geben Bessler und Veinott in [3]. Die Struktur dieses Systems und der damit verbundene Begriff des Zentrallagers, sollen hier kurz dargestellt werden.

Der Lagerbestand wird durch die in Abschnitt 1.1 eingeführten Vektoren x_i, y_i und ξ_i bestimmt. $s_i(y_i,\xi_i) = (s_{ij}(y_i,\xi_i))$ sei eine Vektorfunktion, die Lieferpolitik, die dem Bestandsvektor y_i die Nachfrage ξ_i zuordnet. Es ist:

(1.2.1) $\quad x_{i+1} = s_i(y_i,\xi_i)$

Die Beziehungen der Einzelläger untereinander und damit die

Systemstruktur der Gesamtanlage des Lagerbereiches eines Fertigungsbetriebes bei Einsatz eines Zentrallagers, werden folgendermaßen definiert. Es seien $f_{i1}, f_{i2}, \ldots, f_{in} \in \mathbb{N}$ mit $f_{i1}=0$ und $1 \leq f_{ij} < j$ für $j > 1$; $f_{ij}(j>1)$ ist die einzige die Anlage j innerhalb Periode i direkt beliefernde Lageranlage. Damit ergibt sich folgende Politik. Existiert Nachfrage für Anlage k in Periode i, dann wird diese solange befriedigt, bis die Lagermenge in Anlage k ausgeliefert ist. Tritt dann noch weitere Nachfrage in Periode i auf, so liefert Lager f_{ik}; ist auch da der Bestand erschöpft, liefert $f_{if_{ik}}$ usw. Hat auch Lager 1 keinen Bestand mehr, so findet in diesem Lager das backlogging statt. Lager 1 ist somit das Zentrallager des Systems, zu dem der negative Bestand aller Läger weitergegeben wird und bei dem allein $x_i < 0$ am Ende einer Periode sein kann. Dieses Zentrallagersystem läßt sich folgendermaßen formalisieren. Sei

$$(1.2.2) \qquad F_{ik} = \{\ell \;/\; f_{i\ell} = k\} \qquad (k=1,\ldots,n) \quad \Rightarrow$$

$$F_{ik} \subset \{k+1,\ldots,n\}$$

die Menge aller von Anlage k in der Periode i direkt belieferten Läger. Dabei können einige $F_{ij}(j>1)$, wie z.B. F_{in}, leer sein. Diesem System lassen sich Engpaßfunktionen $v_{ik}(\xi_i - y_i)$ zuordnen. Der Engpaß ist hier der Betrag, um den die Nachfrage in Anlage k innerhalb der Periode i den Bestand übersteigt, wobei jedoch die Fehlbeträge der Anlagen, die innerhalb i von k direkt beliefert werden, hinzugezählt werden müssen. Diese Engpaßfunktion läßt sich rekursiv berechnen $(v_{in}, v_{i,n-1}, \ldots, v_{i1})$ durch:

$$(1.2.3) \qquad v^Z_{ij}(\xi_i - y_i) = \Big(\xi_{ij} - y_{ij} + \sum_{k \in F_{ij}} v_{ik}(\xi_i - y_i)\Big)^+ \qquad (j=1,\ldots,n)$$

$$\text{mit } a^+ := \max(a,o) \;.$$

Ein Engpaß in Anlage k muß nicht zwangsläufig zum backlogging führen, da f_{ik} etc. noch lieferbereit sein können. Mit v_{ij} läßt sich die Lieferpolitik $s_i(y_i, \xi_i) = s_i(y_i - \xi_i)$ bestimmen durch:

$$(1.2.4) \qquad s^Z_{i1}(y_i - \xi_i) = y_{i1} - \xi_{i1} - \sum_{k \in F_{i1}} v_{ik}(\xi_i - y_i)$$

$$s^Z_{ij}(y_i-\xi_i) = y_{ij}-\xi_{ij} - \sum_{k\in F_{ij}} v_{ik}(\xi_i-y_i) + (v_{ij}(\xi_i-y_i)$$

$j = 2,\ldots,n.$ Es sei $s_{ij}(y_i-\xi_i) \geq 0$ für $j > 1.$

Die folgende Abbildung zeigt die Wirkung des Zentrallagers als Vorgänger und Belieferers aller Anlagen [3].

a)

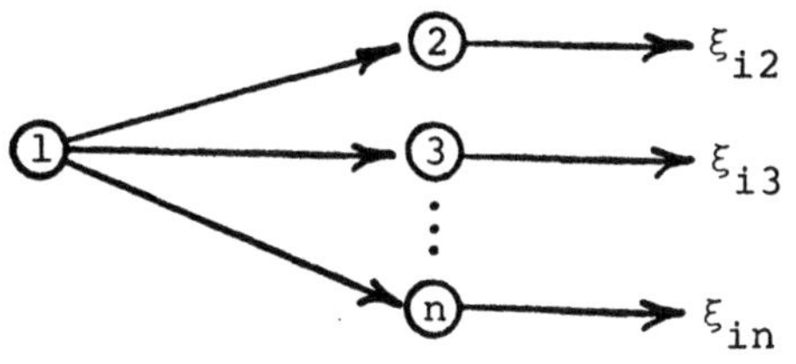

$f_{ij} = 1, \; j > 1.$

b)

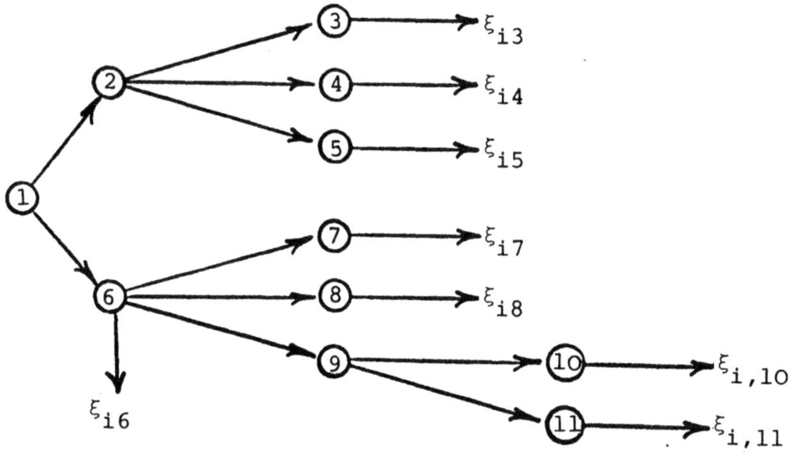

1.3 Sicherheitslagersystem

In dieser Belieferungseigenschaft unterscheiden sich Sicherheitslager und Zentrallager signifikant. Die Lieferpolitik des Sicherheitslagers wird folgendermaßen definiert. Man bildet die Größe

(1.3.1) $\quad D^k_\nu := \xi_{\nu,k} - (\mu^k_\nu + \sigma^k_\nu)$ mit

$$\mu_\nu^k = E(\xi_{\nu,k}) \quad \text{und} \quad \sigma_\nu^k = + \left(E(\xi_{\nu k}^2) - E(\xi_{\nu k})^2\right)^{\frac{1}{2}}$$

$$\nu \in \{1,\dots,N\} \qquad k \in \{1,\dots,n\} \quad .$$

Ist $D_\nu^k > o$, dann wird dieser Betrag vom Sicherheitslager zum Lager k geliefert. In der Praxis empfiehlt es sich, wegen der Prognosemöglichkeiten und der besseren Handhabung von vorgegebenen statistischen Sicherheiten, die μ_ν und σ_ν Werte mittels der schon in (1.1) erwähnten Regressionsgleichung zu bestimmen. Man definiert dann

$$\mu_\nu^{k*} := Y_{\nu,k}^{(r_o)} \quad \text{und} \quad \sigma_\nu^{k*} := \frac{\sigma_Y^k}{p_\nu^k} \qquad \text{(vgl.: Anhang)}$$

$Y_{\nu,k}^{(r_o)}$ ist der Funktionswert an der Stelle ν der Regressionsgleichung (nach r_o Schritten) des k-ten Lagers. σ_Y ist die Standardabweichung der Fehlerverteilung und die p_ν^k sind Gewichtsfaktoren. Für das Abschätzen der Werte bei vorgegebenen statistischen Sicherheiten sei verwiesen auf [4]. Die Politik (1.3.1) hat folgende Auswirkungen auf die Systemstruktur des Lagers. Im reinen Sicherheitslagersystem, die Einzelläger sind kreisförmig ohne eigene Weiterliefermöglichkeiten um das Sicherheitslager angeordnet (Abb. 2a), erhalten wir folgende Engpaßfunktionen

$$\text{(1.3.2)} \quad \begin{aligned} v_{i1}^S(\xi_i - y_i) &= \Big(\sum_{k\in F_{i1}} D_i^k - y_{i1}\Big)^+ \\ v_{ij}^S(\xi_i - y_i) &= \big(\xi_i^j - (y_{ij} + D_i^j)\big)^+ \end{aligned}$$

Diese Engpaßfunktionen (1.3.2) definieren folgende Lieferpolitik $s_i(y_i,\xi_i) = (s_{ij}(y_i-\xi_i))$ durch:

$$\text{(1.3.3)} \quad \begin{aligned} s_{i1}^S(y_i - \xi_i) &= y_{i1} - \sum_{k\in F_{i1}} D_i^k \\ s_{ij}^S(y_i - \xi_i) &= y_{ij} - \xi_{ij} + D_i^j \qquad j \in \{2,\dots,n\} \end{aligned}$$

Neben diesen beiden Modellen wird ein Kombinationstyp (K-Typ) betrachtet, der insbesondere in Lagersystemen mit einer Großhandelsebene anwendbar ist. Zur Herleitung der Systemstruktur dieser Anlage kann man anschaulich gesehen von Abb. 2b ausgehen.

Die Anzahl der Läger sei $n=k+m$; Lager 1 sei das Sicherheitslager; die Läger $2,\dots,k$ seien Großläger, bei denen Nachfrage auftreten kann, die jedoch gleichzeitig einen >>Spitzenausgleich<< vom Sicherheitslager erhalten können (siehe Abb. 3). Die Großläger $\{2,\dots,k\}$ wirken auf die untergeordneten Anlagen $k+1,\dots,k+m$ wie Zentralläger. Unter diesen Hypothesen errechnet sich die Engpaßfunktion $v^K_{ij}(\cdot)$ durch

$$
\begin{aligned}
& v^K_{i1}(\xi_i - y_i) = \Big(\sum_{\substack{j\in F_{i1} \\ j\le k}} D^j_i - y_{i1} \Big)^+ \\
(1.3.4) \quad & v^K_{ij}(\xi_i - y_i) = \Big(\xi_{ij} - (y_{ij} + D^j_i) + \sum_{r\in F_{ij}} v^K_{ir}(\xi_i - y_i) \Big)^+ \\
& \qquad j \in \{2,\dots,k\} \qquad r \in \{k+1,\dots,k+m\} \\
& v^K_{ij}(\xi_i - y_i) = \Big(\xi_{ij} - y_{ij} + \sum_{r\in F_{ij}} v^K_{ir}(\xi_i - y_i) \Big)^+ \\
& \qquad r \in \{k+1,\dots,k+m\}
\end{aligned}
$$

Damit erhalten wir die Lieferpolitik
$s^K_i(y_i, \xi_i) = (s_{ij}(y_i - \xi_i))$, durch

$$
\begin{aligned}
& s^K_{i1}(y_i - \xi_i) = y_{i1} - \sum_{\substack{j\in F_{i1} \\ j\le k}} D^j_i \\
(1.3.5) \quad & s^K_{ij}(\cdot) = y_{ij} + D^j_i - \xi_{ij} - \sum_{r\in F_{ij}} v^K_{ir}(\xi_i - y_i) \\
& \qquad j \in \{2,\dots,k\} \qquad r \in \{k+1,\dots,k+m\} \\
& s^K_{ij}(\cdot) = y_{ij} - \xi_{ij} + v^K_{ij}(\xi_i - y_i) - \sum_{r\in F_{ij}} v^K_{ir}(\xi_i - y_i) \\
& \qquad j \in \{k+1,\dots,k+m\}
\end{aligned}
$$

Es stellt sich jetzt die Frage wo backlogging in den Systemen (1.3.3) bzw. (1.3.5) auftreten kann. Aus der Definition der Sicherheitsstruktur und damit der Größen D^j_i folgt, daß negativer Bestand jeweils in den Anlagen $1,\dots,k$ auftreten kann.

Eine anschauliche Darstellung der D_i gibt Abb. 3 [4].

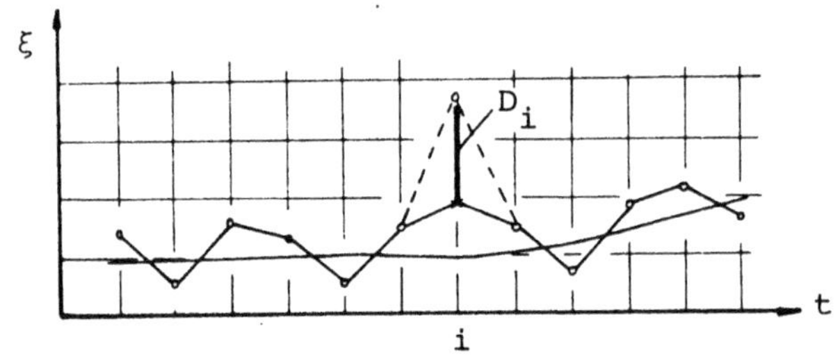

In den bisherigen Ausführungen wurden nur Einproduktläger betrachtet. Die Systemstruktur der Mehrebenenanlage bleibt jedoch bei Mehrproduktlägern voll erhalten, es muß nur in alle Gleichungen ein Produktindex hinzugefügt werden.

2. Kostenstrukturen

2.1 Zentrallagerkosten

Die im Zentrallagersystem auftretenden Kosten werden von Bessler - Veinott in [3] eingeführt. Die Entwicklung der Kostengleichungen ist dabei analog zum Einlagerfall [9]. Betrachtet werden Bestellkosten (Produktionskosten), Lager- und Fehlmengen-, sowie Transportkosten. Die Kosten einen Vektor $y_i - x_i$ in Periode i zu bestellen, sind:

$$c_i^Z(y_i - x_i) = \sum_{j=1}^{n} c_{ij}(y_{ij} - x_{ij}) \quad , \text{ wobei } \quad c_i = (c_{ij}) \tag{2.1.1}$$

ein n-Vektor reeller Zahlen ist. h_{ij} seien die Lagerkosten in Anlage j innerhalb Periode i. Entsprechend seien p_{ij} die Fehlmengen- und w_{ij} die Transportkosten, die auftreten wenn man ein Produkt vom Lager j zu seinem Bestimmungsort schickt. Faßt man all diese Kosten - mit Ausnahme der Bestellkosten - in eine Funktion $g_i(y_i, \xi_i)$ und wendet man (1.2.3) und (1.2.4) an, dann ergibt sich

$$\begin{aligned} g_i^Z(y_i, \xi_i) &= p_i v_i^Z(\xi_i - y_i) + h_i(s_i^Z(y_i - \xi_i)) + \\ &+ h_{i1}(v_{i1}^Z(\xi_i - y_i)) + w_i[y_i - s_i^Z(y_i - \xi_i)] \\ &- w_{i1}(v_{i1}^Z(\xi_i - y_i)) \quad . \end{aligned} \tag{2.1.2}$$

Dabei gleicht $h_{i1}(v_{i1}(\cdot))$ negatives $h_{i1}(s_{i1})$ aus; dasselbe gilt für $w_{i1}(v_{i1})$. Es werden jetzt folgende Bedingungen vereinbart: $c_{io} = c_{i1}$; $h_{io} = 0$; $w_{io} = 0$. Setzt man

(2.1.3) $a^Z_{ij} := h_{ij} + c_{ij} - c_{i+1,j}$ und

(2.1.4) $b^Z_{ij} := p_{ij} + h_{ij} - h_{i,f_{ij}} + w_{i,f_{ij}} - w_{ij} + c_{i+1,f_{ij}} -$

$- c_{i+1,j}$ sowie

(2.1.5) $W^Z_i(y,x) := c_i y + g^Z_i(y,x) - c_{i+1}(s_i(y,x))$

dann folgt, wenn man (1.2.4) und (2.1.2) in (2.1.5) einsetzt und (2.1.3) sowie (2.1.4) benutzt:

(2.1.6) $W^Z_i(y_i,\xi_i) = a^Z_i y_i + b^Z_i v^Z_i(\xi_i - y_i) + K_i(\xi_i)$

mit $K_i(\xi_i) = (c_{i+1} + w_i - h_i)\xi_i$.

Definiert man

(2.1.7) $G_i(y) = \int_0^\infty W_i(y,x)\, d\Phi_i(x)$,

so erhält diese einperiodische erwartete Kostenfunktion $G_i(\cdot)$ im Zentrallagersystem die Gestalt

(2.1.8) $G^Z_i(z) = a^Z_i z + b^Z_i \, E \, v^Z_i(\xi_i - z) + E \, K_i(\xi_i)$,

wobei $z=(z_j)$ ein gegebener n-Vektor ist. Eine analoge Entwicklung dieser Kostenfunktionen im Einlagersystem findet man für stochastische Mehrperiodenmodelle bei Hochstädter [9] (Kap.5), worauf hier verwiesen sei.

2.2 Sicherheitslagerkosten

Wir betrachten hier dieselben Kostenfunktionen wie im Paragraphen 2.1. Die Funktionen werden sowohl für das reine Sicherheitslager (1.3.2), (1.3.3), als auch für den K-Typ (1.3.4), (1.3.5) hergeleitet. Für beide Modelle muß zunächst die Funktion $g_i(y_i,\xi_i)$ aufgestellt werden. Im Sicherheitslager erhalten wir:

$$(2.2.1)\qquad g_i^S(y_i-\xi_i) = p_i v_i^S(\xi_i-y_i) + h_i s_i^S(y_i-\xi_i) +$$
$$+ h_i v_i^S(\xi_i-y_i) + w_i[y_i+D_i-s_i^S(y_i-\xi_i)]$$
$$- w_i v_i^S(\xi_i-y_i)$$

Formel (2.2.1) berücksichtigt also die Möglichkeit negativen Bestands in jedem Lager der Anlage. Für das K-Lager erhalten wir

$$(2.2.2)\qquad g_i^K(y_i-\xi_i) = p_i v_i^K(\xi_i-y_i) + h_i s_i^K(y_i-\xi_i) +$$
$$+ h_i^* v_i^{K*}(\xi_i-y_i) + w_i[y_i+D_i^*-s_i^K(y_i-\xi_i)]$$
$$- w_i^* v_i^{K*}(\xi_i-y_i)$$

Dabei sind $h_i^* = (h_{ij})_{j=1}^k$; $v_i^* = (v_{ij})_{j=1}^k$; $w_i^* = (w_{ij})_{j=1}^k$ und $D_i^* = (D_i^j)_{j=1}^k$

Im Folgenden sind nun die Funktionen $W_i^S(y_i,\xi_i)$ und $W_i^K(y_i,\xi_i)$ zu bestimmen. Dabei wird sich keine vollständige Analogie zu (2.1.6) herstellen lassen, was am Unterschied der Einzelläger beim backlogging liegt. Betrachtet man zum Beispiel die Glieder $h_{i,f_{ij}}$, $w_{i,f_{ij}}$, $c_{i+1,f_{ij}}$ in (2.1.4) und wendet man diese auf (2.2.1) an, dann ergeben sich unabhängig vom Ausgangslager nur Kosten im Sicherheitslager. Zusätzlich muß in $g_i^S(\cdot)$ und $g_i^K(\cdot)$ die Rolle des Ausgleichsvektors (D_{ij}) beachtet werden. Daher benötigen wir folgende Koeffizienten:

$$(2.2.3)\qquad a_{ij}^S := h_{ij} + c_{ij} - c_{i+1,j}$$
$$b_{ij}^S := p_{ij} + h_{ij} - w_{ij}$$
$$d_{ij}^S := h_{ij} + h_{i,f_{ij}} + w_{i,f_{ij}} + c_{i+1,f_{ij}} - c_{i+1,j}$$

Damit erhalten wir:

$$(2.2.4)\qquad W_i^S(y_i,\xi_i) = a_i^S y_i + b_i^S v_i^S + d_i^S D_i + K_i(\xi_i)$$
$$\text{mit } K_i(\xi_i) = (c_{i+1} + w_i - h_i)\xi_i$$

(2.2.4) erhält man sofort aus der Definition von W_i (2.1.5) unter Berücksichtigung der Beziehung

$$h_{ij}s_{ij} = h_{ij}y_{ij} - h_{ij}\xi_{ij} + h_{ij}D_i^j - h_{if_{ij}}D_i^j \ .$$

Außerdem gilt:

$$(2.2.5) \qquad G_i^S(z) = a_i^S z + b_i^S E v_i^S(\xi_i - z) + d_i^S E D_i(\xi_i) + EK_i(\xi_i) \qquad \text{mit} \quad z = (z_j)$$

Für das K-Lagersystem erhält man analog

$$(2.2.6) \qquad a_{ij}^K = h_{ij} + c_{ij} - c_{i+1,j}$$

$$b_{ij}^K = h_{ij} - h_{if_{ij}}^{(2)} + w_{if_{ij}}^{(2)} - w_{ij} + c_{i+1,f_{ij}}^{(2)} - c_{i+1,j}^{(2)}$$

$$d_{ij}^K = h_{ij}^{(1)} - h_{if_{ij}}^{(1)} + w_{if_{ij}}^{(1)} + c_{i+1,f_{ij}}^{(1)} - c_{i+1,j}^{(1)}$$

Dabei sind $h_i^{(1)}$, $w_i^{(1)}$, $c_{i+1}^{(1)}$ die Vektoren $(h_{ij})_{j=1}^k$ usw.; $h_i^{(2)}$ usw. die Vektoren $(h_{ij})_{j=k+1}^{k+m}$. Die Schreibweise $h_{ij}^{(1)}$ bedeutet, daß h_{ij} Element von $h_i^{(1)}$ ist. Somit erhalten wir:

$$(2.2.7) \qquad W_i^K(y_i, \xi_i) = a_i^K y_i + b_i^K v_i^K + d_i^K D_i + K_i(\xi_i)$$

mit $K_i(\xi_i) = (c_{i+1} + w_i - h_i)\xi_i$

und analog zu (2.2.5)

$$(2.2.8) \qquad G_i^K(z) = a_i^K z + b_i^K E v_i^K(\xi_i - z) + d_i^K E D_i(\xi_i) + EK_i(\xi_i)$$

mit $z = (z_j)$.

3. Optimale Politiken

Optimale Politiken wurden von Veinott [16] für Mehrproduktläger bestimmt. Die dortigen Ergebnisse sind auf Mehrebenensysteme anwendbar. Ausgangspunkt seiner Analyse ist der "Grundlagerbestand", base stock level, ein Bestandsvektor $\overline{y_i}$, der die erwarteten Kosten in Periode i minimiert, wenn man diese unabhängig von den anderen Perioden betrachtet. Zu Beginn jeder Periode ist dem Lagerhalter die Entwicklung des Lagers bekannt. Das heißt er besitzt alle Nachfrage-, Bestands- und Bestelldaten der Vergangenheit, die man in dem Vektor

(3.0) $H_i = (x_1,\ldots,x_i,y_i,\ldots,y_{i-1},\xi_1,\ldots,\xi_{i-1})$

zusammenfaßt. Eine Bestellpolitik ist eine Folge vektorwertiger Funktionen

(3.1) $\overline{Y} = (\overline{Y}_1,\overline{Y}_2,\ldots.)$, so daß

(i) am Beginn der i-ten Periode, nachdem H_i beobachtet wurde, $\overline{Y}_i(H_i)-x_i$ bestellt wird.

(ii) $\overline{Y}_i(H_i) \in \mathfrak{D}_i$

(iii) $\overline{Y}_i(H_i) \geq q_i(x_i) \quad \forall \; H_i$ (vgl. 1.1) .

Führt man noch einen Diskontfaktor α_i, $0 \leq \alpha_i \leq 1$, für die Periode i ein - α_i gibt den Wert an, den eine Kosteneinheit zu Beginn der Periode i+1 am Beginn der Periode i besitzt - und setzt man $\beta_1=1$ sowie $\beta_i = \prod_{j=1}^{i-1} \alpha_j$, so erhält man für die erwarteten diskontierten Kosten in den Perioden 1,2,...,N bei einem Anfangsbestandsvektor x_1 unter der Politik $\overline{Y}$:

(3.2) $$f_N(\overline{Y}|x_1) = E\{\sum_{i=1}^{N} \beta_i[c_i(y_i-x_i) + g_i(y_i-\xi_i)] - \beta_{N+1}\, c_{N+1}\, x_{N+1}\} .$$

Nach Umformung und Transformation (siehe [16]) erhält man

(3.3) $$f_n(\overline{Y}|x_1) = E\{\sum_{i=1}^{N} \beta_i\, W_i(y_i,\xi_i)\}$$

y_i hängt funktional nur von $\xi_1,\xi_2,\ldots,\xi_{i-1}$ ab, die unabhängig von ξ_i sind. Also sind y_i und ξ_i unabhängig, so daß folgt:

(3.4) $$E[W_i(y_i,\xi_i)] = E\{E[W_i(y_i,\xi_i)|y_i]\} = EG_i(y_i) .$$

Also gilt:

(3.5) $$f_N(\overline{Y}|x_1) = \sum_{i=1}^{N} \beta_i\, EG_i(y_i)$$

Bessler und Veinott [3] setzen voraus, daß alle Kosten auf den Beginn der ersten Periode diskontiert sind und erhalten statt (3.5)

$$(3.6) \qquad f_N(\overline{Y}|x_1) = \sum_{i=1}^{N} EG_i(y_i) \quad .$$

Nimmt man an, daß Konstante γ_i existieren mit $G_i(y) \geq \gamma_i$ für alle y und i, und ist $\sum_{i=1}^{\infty} |\beta_i \gamma_i| < \infty$, dann existiert

$$(3.7) \qquad f(\overline{Y}|x_1) = \sum_{i=1}^{\infty} \beta_i \; EG_i(y_i) \qquad \text{für alle } \overline{Y} ,$$

wobei der Wert $+\infty$ als Wert für die Summe (3.7) erlaubt ist. $f(\overline{Y}|x_1)$ sind die erwarteten diskontierten Kosten in den Perioden 1,2,... mit x_1 Anfangsbestand und bei Verfolgen der Politik $\overline{Y}$.

Gesucht wird nun ein $\overline{Y}^*$, das f_N minimiert. D.h. es muß gelten

$$(3.8) \qquad f_N(\overline{Y}^*|x_1) = \min_{\overline{Y}} f_N(\overline{Y}|x_1) \quad .$$

Existiert dieses Minimum, so heißt die Politik optimal. Nun werden noch folgende Bedingungen benötigt

$$(3.9) \qquad \forall (i) \; \exists \; (\overline{y_i} = (\overline{y_{ij}})), \text{ der } G_i(y) \text{ bzgl. } \mathfrak{D}_i \text{ minimiert.}$$

$$(3.10) \qquad q_{i+1}(s_i(\overline{y_i},\overline{\xi_i})) \leq \overline{y}_{i+1} \; \forall \xi_i \quad \text{und} \quad i=1,\ldots,N-1 \; .$$

Eine Diskussion dieser Bedingungen gibt Veinott in [16], worauf hier verwiesen sei. Gleichzeitig erhält er folgenden

(3.11) Satz: (Veinott)

Gelten die Voraussetzungen (3.9) und (3.10) und ist $q_1(x_1^*) \leq \overline{y}_1$, dann folgt

$$\overline{Y}_i^*(H_i^*) = \overline{y}_i \qquad i=1,\ldots,N$$

mit $H_i^* = (x_1^*,\ldots,x_i^*,y_1^*,\ldots,y_{i-1}^*,\xi_1,\ldots,\xi_{i-1})$

Außerdem ist

$$f_N(\overline{Y}^*|x_1^*) = \sum_{i=1}^{N} \beta_i G_i(\overline{y}_i) \quad .$$

Die optimale Politik besteht also darin, in jeder Periode bis zum >>base stock level<< $\overline{y}_i$ aufzufüllen. Veinott untersucht in seiner Arbeit [16] weitere Fälle, insbesondere den Fall

$q_1(x_1) \nleq \overline{y}_1$, worauf jedoch hier verwiesen sei. Es sei noch bemerkt, daß die Ausführungen in diesem Abschnitt unabhängig von den Lagertypen und damit unabhängig vom Auftreten der Funktionen f_N^Z, f_N^S, f_N^K sind.

4. Eigenschaften der Kostenfunktionen

4.1 Submartingaleigenschaften

(4.1.1) Satz: Die Folge der erwarteten diskontierten Kosten $(f_j(\overline{Y}|x_1))_{j=1}^{\infty}$ bildet ein Submartingal bezüglich der erzeugten Familie von σ-Unteralgebren $\mathfrak{A}^o_j = \mathfrak{A}(f_1,\dots,f_j)$.

Beweis: Die Meßbarkeit der Funktionen $f_j(\overline{Y}|x_1)$ ergibt sich aus den Meßbarkeitsbedingungen für die Kostenfunktionen. Da die Indexmenge des Prozesses diskret ist, genügt es zu zeigen ([2] S.315)

$$E^{\mathfrak{A}^o_n}(f_{n+1}(\overline{Y}|x_1)) \geq f_n(\overline{Y}|x_1) \quad \forall n \quad .$$

Nun ist:

$$\begin{aligned} E^{\mathfrak{A}^o_n}(f_{n+1}) &= E^{\mathfrak{A}^o_n}\Big(\sum_{i=1}^{k+1} \beta_i EG_i(y_i)\Big) \\ &= E^{\mathfrak{A}^o_n}((f_n) + \beta_{n+1}EG_{n+1}(y_{n+1})) \\ &= E^{\mathfrak{A}^o_n}(f_n) + E^{\mathfrak{A}^o_n}(\beta_{n+1}EG_{n+1}(y_{n+1})) \\ &= f_n + \underbrace{\beta_{n+1}EG_{n+1}(y_{n+1})}_{\geq 0} \qquad (*) \\ &\geq f_n \end{aligned}$$

(*) gilt, da $EG_{n+1} = E^{\mathfrak{C}}G_{n+1}$ und $E^{\mathfrak{A}^o_n}(E^{\mathfrak{C}}G_{n+1}) = E^{\mathfrak{C}}G_{n+1}$ ist. Hierbei ist $\mathfrak{C}$ die indiskrete σ-Algebra. Nun benutzen wir folgenden Satz der Martingaltheorie ([7] S.314).

(4.1.2) Satz: Ist $\{f_n | n \in \mathbb{N}\}$ ein Submartingal und $\lambda \in \mathbb{R} \Rightarrow$

$$\lambda P\{\max_{1\leq j\leq n} f_j(\omega) \geq \lambda\} \leq E\{|f_n|\}$$

In der Lagerhaltung läßt sich λ als vorgegebene Kostengröße interpretieren. (4.1.2) gibt also eine Abschätzung für die Wahrscheinlichkeit an, daß die diskontierten erwarteten Kosten einen vom Unternehmen vorgegebenen Wert überschreiten. Die Tatsache, daß (f_n) ein Submartingal ist, kann bei Betrachtung der Partialsummensubmartingale [2] nicht sonderlich überraschen. Stärker in der Aussage, auch bei Anwendung von (4.1.2), wären analoge Ergebnisse für die Fehlmengen-, Lager-, sowie Transportkosten. Bei diesen Prozessen ist die Submartingaleigenschaft im allgemeinen jedoch nicht gegeben. Sie ist sicherlich abhängig sowohl von der Zeitstruktur der Kostenfunktionen, als auch von der zugrundeliegenden Bestellpolitik.

E. Krug gibt in [10] eine spezielle Politik an, die im folgenden bezüglich ihrer Kostenauswirkungen untersucht wird. Er definiert den Bestand nach folgender Rekursionsformel

(4.1.3) $$y_{i+1} = y_i + E(\xi_i) - \xi_i$$

und zeigt, daß $(y_n)n \in \mathbb{N}$ ein Martingal ist. Die Politik (y_n) aus (4.1.3) interpretiert er am Beispiel des Lagers einer Automobilfabrik, das zunächst alles Produzierte aufnehmen muß. Die Produktionsplanung wird sich dabei am Erwartungswert des Absatzes orientieren. Im folgenden werden wir nun die Auswirkungen dieser Politik, die natürlich nicht optimal im Sinne von Kapitel 3 ist, auf die Fehlmengenkosten untersuchen. Dabei erhalten wir folgenden

(4.1.4) Satz:

Es sei (i) p_i stationär, isoton und konvex mit $E(p(v_{t_o})) < \infty$

(ii) $y_{i+1} = y_i + E(\xi_i)-\xi_i;\ y_i=(y_{ij})_{j=2}^{N}$

(iii) $(\mu_{n+1} + \sigma_{n+1}) \geq (\mu_n + \sigma_n)$

dann folgt: der Prozeß $(p(v_n^S))_{\substack{n\in \mathbb{N}\\ n\leq t_o}}$ ist ein Submartingal und es gilt:

(4.1.5) $$\lambda\, P\,\{\max_{1\leq j\leq n} p(v_j^S(\cdot)\geq\lambda\} \leq E\,\{|v_n^S|\} = E(v_n^S)$$

Beweis:

(i) z.z. $E^{\mathfrak{A}_n}(v^S_{n+1}) \geq v^S_n \forall n;\ \mathfrak{A}_n = \mathfrak{A}(y_i \mid i=1,\dots,n)$

$$E^{\mathfrak{A}_n}(v^S_{n+1}) = E^{\mathfrak{A}_n}(\xi_{n+1} - y_{n+1} - D_{n+1})^+$$

$$= E^{\mathfrak{A}_n}(\xi_{n+1} - y_{n+1} - \xi_{n+1} + \mu_{n+1} + \sigma_{n+1})^+$$

$$= E^{\mathfrak{A}_n}(-y_{n+1} - \mu_{n+1} + \sigma_{n+1})^+ = (*)$$

$(-y_{n+1} + \mu_{n+1} + \sigma_{n+1})$ ist jedoch ein $\mathfrak{A}_n$ Martingal, da

$E^{\mathfrak{A}_n}(-y_{n+1} + \mu_{n+1} + \sigma_{n+1}) = -E^{\mathfrak{A}_n}(y_{n+1}) + E^{\mathfrak{A}_n}(\mu_{n+1} + \sigma_{n+1})$

$= -y_n + \mu_{n+1} + \sigma_{n+1}$ mit $\mu_{n+1} + \sigma_{n+1} = c =$ konst. Daraus folgt ([13] S.4.5.1) $(-y_{n+1} + \mu_n + \sigma_n)^+$ ist ein $\mathfrak{A}^n$ Submartingal. Es gilt also

$(*) \geq (-y_n + \mu_{n+1} + \sigma_{n+1})^+ \geq (-y_n + \mu_n + \sigma_n)^+$

$= v^S_n$. D.h. $(v^S_n)_{n\in N}$ ist Submartingal.

Da p Bedingung (i) erfüllt, folgt ([7] S.295). $(p(v^S_n))_{n\in N,\, n\leq t_0}$ ist Submartingal und es gilt (4.1.5).

Der Satz ist natürlich von der speziellen Wahl der Politik (4.1.3) unabhängig. Er verlangt nur, daß $(y_n)_{n\in N}$, der Lagerbestandsprozeß, ein Martingal ist.

4.2 Konvexitätseigenschaften

Für das Zentrallager erhalten Bessler und Veinott [3] folgende Eigenschaften der Engpaß und einperiodischen erwarteten Kostenfunktionen

(4.2.1) $v^Z_{ij}(z)$ und $E(v_{ij}(\xi_i - z)$ sind konvex in z für $i=1,\dots,N$ und $j=1,\dots,n$.

(4.2.2) $G^Z_i(\cdot)$ ist stetig für jedes i.

(4.2.3) ist $a^Z_{ij} > 0$ für alle j oder $\mathfrak{Y}_i$ ist kompakt $\Rightarrow G_i(\cdot)$ nimmt sein Minimum auf $\mathfrak{Y}_i$ in einem Punkt $\bar{y}_i$ an.

(4.2.4) Ist für alle i entweder $a_{ij} > 0 \ \forall j$ oder ist $\mathfrak{Y}_i$ kompakt und ist $\mathfrak{Y}_i = \mathfrak{Y}$ sowie $G_i(z) = G(z)$ auf $\mathfrak{Y}$ $\forall i \Rightarrow s_i(\bar{y}_i, \xi_i) \leq \bar{y}_{i+1}$ (vgl. 3.9).

(4.2.5) ist $b^Z_{ij} \geq 0 \quad j=1,\dots,n \Rightarrow G_i(\cdot)$ ist konvex.

Es stellt sich jetzt die Frage, ob für das Sicherheitslager bzw. den K-Typ ähnliche Eigenschaften nachgewiesen werden können. Beim Sicherheitslager lassen sich diese Konvexitätseigenschaften nicht herleiten. Es gilt nur

(4.2.6) v^S_{i1} ist konvex $i=1,\dots,n$

Der Beweis folgt sofort aus (1.4.2), indem man die Definition konvexer Funktionen anwendet und berücksichtigt, daß das Maximum konvexer Funktionen konvex ist [15]. Für $j=2,\dots,n$ läßt sich bei v^S_{ij} keine entsprechende Aussage machen. Würde man $v_{ij}(z) = z_{ij} - D_{ij}$ definieren, dann wäre $v_{ij}(\cdot)$ konkav. Durch die Maximumbildung in (1.4.2) geht jedoch diese Aussage verloren. Für das Kombinationssystem (K) läßt sich dagegen die Konvexität unter einer Bedingung zeigen. Es gilt

(4.2.7) Lemma: Ist $\sum_{r \in F_{i\ell}} v_{ir} \geq D_{i\ell} \quad \ell \in \{2,\dots,k\}$

$r \in \{k+1,\dots,k+m\} \Rightarrow v^K_{ij}(z)$ ist konvex in z

$\forall\ i=1,\dots,N$ und $\forall\ j=1,\dots,k+m$.

Beweis: Da das Maximum konvexer Funktionen konvex und die Summe konvexer Funktionen konvex ist, läßt sich die Konvexität der Komponentengleichungen in (1.4.4) definitionsgemäß zeigen. Den Rest zeigt man induktiv bzgl. j, indem man bei $j=k+m$ startet.

Mit der Voraussetzung von (4.2.7) folgt

(4.2.8) $E\ v^K_{ij}(\xi_i - z)$ sind konvex in $z\ \forall\ i=1,\dots,N$ und $j=1,\dots,k+m$.

Der Beweis ist identisch mit dem Beweis für die Zentrallagerfehlmengen [3], so daß hier darauf verwiesen werden kann. Mit (4.2.8) folgt

(4.2.9) Ist $b_{ij} \geq 0$ $j=1,\ldots,n$ und gilt die Voraussetzung von (4.2.7), dann ist G_i^K konvex. In dem Optimalitätssatz (3.10) von Veinott wurde nicht verlangt, daß $\mathfrak{Y}$ eine konvexe Menge bzw. $G_i(y)$ eine konvexe Funktion ist. Es ist jedoch schwer $\overline{y}_i$ ohne die Bedingungen zu lokalisieren [16]. Eine weitere Bedingung gibt Veinott in [17] an, worauf hier verwiesen sei.

Anhang

Multiple Regression

Für die Einführung des Sicherheitslagers in der Praxis benötigen wir den Ansatz der multiplen Regression, der im folgenden skizziert wird. Dabei wird der lineare Ansatz

$$\text{(A1)}\qquad f(X) = \alpha_o + \alpha_1 X_1 + \ldots + \alpha_k X_k$$

gebildet, für den die Bedingung

$$\text{(A2)}\qquad (Y - f(X))^2 = \text{Min.}$$

erfüllt werden muß.

Die Vergangenheitswerte werden mit einem Faktor $\beta \in (0,1)$ so gewichtet, daß sich ihr Einfluß um so mehr verringert, je weiter der Wert in der Vergangenheit zurückliegt. Bezeichnet man in der Anwendung mit (y_ν) die beobachteten und mit (Y_ν) die berechneten Werte, dann folgt

$$\text{(A3)}\qquad \sum_{\nu=1}^{N} (y_\nu - Y_\nu)^2 p_\nu = \sum_{\nu=1}^{N} \Delta_\nu^2 p_\nu = \sum_{\nu=1}^{N} (y_\nu - \sum_{i=o}^{k} \alpha_i x_{i\nu})^2 p_\nu = \text{Min}$$

$$\text{mit} \quad p_\nu = (1-\beta)^{k-\nu} .$$

Bildet man partiellen Ableitungen nach den Koeffizienten, so folgt

$$\text{(A4)}\qquad \frac{\partial (\sum_{\nu=1}^{N} \Delta_\nu^2) p_\nu}{\partial \alpha_j}$$

$$= -2 \sum_{\nu=1}^{N} y_\nu x_{j\nu} p_\nu + 2 \sum_{i=o}^{k} \alpha_i \sum_{\nu=1}^{N} x_{i\nu} x_{j\nu} p_\nu = 0$$

$$\Rightarrow \sum_{i=o}^{k} \alpha_i \sum_{\nu=1}^{N} x_{i\nu} x_{j\nu} p_\nu = \sum_{\nu=1}^{N} y_\nu x_{j\nu} p_\nu \qquad (j \in \{o, \ldots, k\})$$

Man erhält so (k+1)-Gleichungen. Durch quadrieren von (A3) unter Berücksichtigung von (A4) ergibt sich das System

$$\text{(A5)}\quad \alpha_o \sum_{\nu=1}^{N} p_\nu + \alpha_1 \sum_{\nu=1}^{N} p_\nu x_{1\nu} + \ldots + \alpha_k \sum_{\nu=1}^{N} p_\nu x_{k\nu} = \sum_{\nu=1}^{N} p_\nu y_\nu$$

$$\vdots \qquad\qquad \vdots \qquad\qquad \vdots$$

$$\alpha_o \sum_{\nu=1}^{N} p_\nu x_{k\nu} + \alpha_1 \sum_{\nu=1}^{N} p_\nu x_{1\nu} x_{k\nu} + \ldots + \alpha_k \sum_{\nu=1}^{N} p_\nu x_{k\nu}^2 = \sum_{\nu=1}^{N} p_\nu y_\nu x_{k\nu}$$

$$\alpha_o \sum_{\nu=1}^{N} p_\nu y_\nu + \ldots\ldots\ldots + \alpha_k \sum_{\nu=1}^{N} p_\nu x_{k\nu} y_\nu + \sum_{\nu=1}^{N} p_\nu \Delta_\nu^2 = \sum_{\nu=1}^{N} p_\nu y_\nu^2$$

Setzt man $\sum_{\nu=1}^{N} x_{i\nu} x_{j\nu} = a_{ij}$ und fügt man noch eine Einheitsmatrix zur Berechnung der Inversen hinzu, so ergibt sich folgende Matrix,

$$\text{(A6)}\quad \begin{matrix} a_{oo} & \cdots\cdots & a_{o,k+1} & 1 & \cdots & 0 \\ \vdots & & \vdots & & \ddots & \\ a_{k,o} & \cdots\cdots & a_{k,k+1} & 0 & & 0 \\ a_{k+1,o} & \cdots\cdots & a_{k+1,k+1} & 0 & \cdots & 1 \end{matrix}$$

die mit dem Gaußschen Algorithmus gelöst wird [18]. Die Lösung wird hier nur skizziert, jedoch nicht vollständig durchgeführt. Für genauere Ausführung sei verwiesen auf [11]. Bei der Anwendung des Gaußschen Algorithmus wird bei jedem Schritt das Diagonalglied ausgewählt, das $a_{k+1,k+1}$ am stärksten minimiert. Man sucht also die Einflußgröße aus, die den größten Einfluß auf die Zielgröße hat. Die Minimierungsbedingung lautet:

$$\text{(A7)}\quad a_{k+1,k+1} - \frac{a_{k+1,i_1} \cdot a_{i_1,k+1}}{a_{i_1,i_1}} := a_{k+1,k+1}^{(1)} = \text{Min.}$$

oder analog:

$$\frac{a_{k+1,i_1} \cdot a_{i_1,k+1}}{a_{i_1 i_1}} = \text{Max} \qquad i_1 \in \{0,\ldots,k\}$$

worauf (A6) nach dem Diagonalglied $a_{i_1 i_1}$ entwickelt wird.

Die Werte nach dem ersten Schritt sind

$$\text{(A8)} \quad a_{ij}^{(1)} = \begin{cases} a_{ij} - \dfrac{a_{i_1 j}}{a_{i_1 i_1}} a_{ii_1} & i \neq i_1; \quad i,j=1,\ldots,k+1 \\[2ex] \dfrac{a_{i_1 j}}{a_{i_1 i_1}} & j=o,\ldots,k+1 \end{cases}$$

Analog ergeben sich Glieder $c_{ij}^{(1)}$, wenn man mit c_{ij} die Elemente der Einheitsmatrix bezeichnet. Die Regressionsgleichung nach dem ersten Schritt ist

$$\text{(A9)} \quad Y = b_{i_1}^{(1)} x_{i_1} \quad \text{mit}$$

$$\text{(A10)} \quad b_{i_1}^{(1)} = \frac{1}{D^{(1)}} \sum_{j=o}^{k+1} D_{i_1,j}^{(1)} a_{i_1,k+1}^{(1)} \qquad \text{(vgl. [14])}$$

Dabei ist $D^{(1)}$ die Determinante zu $(a_{ij}^{(1)})$ und $D_{i_1,j}^{(1)}$ die Adjunkte des Elements $a_{i_1,j}^{(1)}$ in $D^{(1)}$. Löst man (A10) auf (vgl. [8] S.41)

$$\Rightarrow \quad b_{i_1}^{(1)} = \frac{D_{i_1 i_1}^{(1)}}{D^{(1)}} a_{i_1,k+1}^{(1)} = \frac{D_{i_1 i_1}^{(1)}}{a_{i_1 i_1}^{(1)} D_{i_1 i_1}^{(1)}} a_{i_1,k+1}^{(1)} = a_{i_1,k+1}^{(1)}$$

Die Standardabweichungen von Y und $b_{i_1}^{(1)}$ sind:

$$\text{(A11)} \quad \sigma_Y^{(1)} = \sqrt{\frac{a_{k+1,k+1}^{(1)}}{N-1}}$$

$$\sigma_{b_{i_1}}^{(1)} = \sqrt{c_{i_1 i_1}^{(1)}} \, \sigma_Y^{(1)} = \sqrt{\frac{1}{a_{i_1 i_1}}} \, \sigma_Y^{(1)}$$

Aus (A11) bildet man

$$t_{i_1}^{(1)} = \frac{\left| b_{i_1}^{(1)} \right|}{\sigma_{b_{i_1}}^{(1)}}$$

Mit $t_{i_1}^{(1)}$ und der Anzahl der Freiheitsgrade (N-r nach r Regressionsschritten) findet man in der Tabelle der t-Verteilung die statistische Sicherheit mit der $b_{i_1}^{(1)}$ von Null verschieden ist. Analog erhält man nach r-Schritten [11],[12]

$$Y = \sum_{j=1}^{r} b_{i_j}^{(r)} x_{i_j} \quad ; \quad b_{i_j}^{(r)} = a_{k+1,i_j}$$

$$\text{(A12)} \qquad \sigma_Y^{(r)} = \sqrt{\frac{a_{k+1,k+1}^{(r)}}{N-r}} \quad ; \quad \sigma_{b_{i_j}}^{(r)} = \sqrt{c_{i_j i_j}^{(r)}} \; \sigma_Y^{(r)}$$

$$t_{ij}^{(r)} = \frac{|b_{ij}^{(r)}|}{\sigma_{b_{i_j}}^{(r)}}$$

Hat in diesem System ein Koeffizient z.B. $b_{i_1}^{(r)}$ nicht mehr die geforderte statistische Sicherheit, dann wird die i_1-te Einflußgröße aus der Regressionsgleichung eliminiert. (Genauer siehe [11]). Mit dieser Methode berechnet man schrittweise die beste Regressionsgleichung. Die Rechnung läßt sich auf zwei Arten beenden

(A13) (i) Ende für $\sigma_Y^{(r)} \leq \sigma_Y^{(r+1)}$, was äquivalent ist mit $t_{i_{r+1}}^{(r+1)} \leq 1$

(ii) Man schreibt einen t-Wert vor, den alle Einflußgrößen überschreiten müssen [11].

Literaturverzeichnis

[1] Arrow K.J. - Harris T. - Marschak T.
Optimal Inventory Policy
Econometrika 19, 250 - 272 (1951)

[2] Bauer H.
Wahrscheinlichkeitstheorie und Grundzüge der Maßtheorie 2. Aufl.
de Gruyter Berlin 1974

[3] Bessler St.A. - Veinott,jr; A.F.
Optimal Policy for a Dynamic Multi-Echelon Inventory Model
Decision Studies Group, Palo Alto Cal.
Stanford University 1966

[4] Christodoulopoulos A.F.
Über die Anwendung von mathematischen Modellen zur Optimierung der Lagerhaltung im Handel
Elektronische Datenverarbeitung 6, 241 - 252 (1970)

[5] Clark H. - Scarf H.
Optimal Policies for a Multi-Echelon Inventory Problem
Management Science 6, 475 - 490 (1960)

[6] Cramér H.
Mathematical Methods of Statistics
Princeton University Press
12 th. print 1970

[7] Doob J.L.
Stochastic Processes 7 th. print
J. Wiley New York 1967

[8] Gröbner W.
Matrizenrechnung
BI Hochschultaschenbuch, Mannheim 1966

[9] Hochstädter D.
Stochastische Lagerhaltungsmodelle
LNOR Springer Berlin 1969

[10] Krug E.
Optimale Lagergröße und Anfangsbestand bei stochastischen Lagern
Proceedings in operations research
3, 258 - 263 (1973)

[11] Matt G.
Die schrittweise Regressionsanalyse und ihre Anwendungsmöglichkeit im kaufmännischen Bereich
Ablauf und Planungsforschung 4, 254 - 263 (1963)

[12] Matt G.
Bestimmung statistisch gesichteter Koeffizienten bei der exponentiellen Ausgleichung (Exponential smoothing)
Unternehmensforschung 10, 15 - 31 (1966)

[13] Neveu J.
Mathematische Grundlagen der Wahrscheinlichkeitstheorie
R. Oldenbourg München 1969

[14] Stange K.
Angewandte Statistik II
Springer Berlin 1971

[15] Topiks D.M.
Optimal Policies for stocking and Issuing Inventory when several Demand classes exist
Decision studies Group, Palo Alto Cal. 1966

[16] Veinott,jr.; A.F.
Optimal Policy for a Multi-Product, Dynamic Nonstationary Inventory Problem
Management Science 12, 206 - 222 (1965)

[17] Veinott,jr.; A.F.
The Status of Mathematical Inventory Theory
Management Science 12, 745 - 777 (1966)

[18] Zurmühl R.
Praktische Mathematik 5. Aufl.
Springer Berlin 1965

Teil II:

Stochastische Prozesse mit unabhängigen und stationären Zuwächsen in der Lagerhaltung

von R. Kaerkes und H. Neffke

Problemstellung

Die bevorzugt behandelten Lagerhaltungsmodelle - die sogenannten Periodenmodelle - stellen die Nachfrage durch abzählbar (endlich oder unendlich) viele unabhängige Zufallsvariablen dar. Diese Zufallsvariablen geben die Nachfrage in disjunkten Intervallen der nicht negativen reellen Halbachse R^+ an. Darüber, wie sich die Nachfrage innerhalb der einzelnen Intervalle aufteilt, machen diese Modelle keine Aussage. Daher lassen sie auch keine Schlüsse auf die Gesamtnachfrage für beliebige Zeitpunkte $t \in R^+$ zu. Somit geht durch diese diskrete Beschreibung Information verloren, die heutzutage mit elektronischen Rechenanlagen leicht verwertet werden kann.

Deshalb wurde in [2,10] die Nachfrage durch einen kontinuierlichen stochastischen Prozeß beschrieben (siehe Definition 1, wobei jedoch die $\tau_i \boxtimes x_i$ für alle natürlichen Zahlen i - also $i \in N$ - identisch verteilte und unabhängige Zufallsvariablen sind.) Die Realisationen dieses Prozesses sind Treppenfunktionen. Beckmann [2] leitet für Lagerhaltungsmodelle mit dieser Nachfragestruktur kostenoptimale Politiken her.

Im folgenden wird der Fall betrachtet, bei dem sich die Nachfrage durch einen derartigen stochastischen Prozeß $(a_t)_{t \in R^+}$ mit unabhängigen und stationären Zuwächsen beschreiben läßt. P_{a_t} ist in diesem Falle eine "Compound Poisson" Verteilung. Es wird u.a. gezeigt, daß diese Klasse von Prozessen im Gegensatz zum allgemeinen Fall gegenüber gewissen Operationen stabil ist.

Es stellt sich die Frage, wann die Nachfrage näherungsweise durch einen stochastischen Prozeß mit unabhängigen und stationären Zuwächsen beschrieben werden kann. Im Falle, daß die Nachfrage von einem großen Kundenkreis herrührt, liegt oft die Annahme nahe, daß sie innerhalb sich nicht überschneidender Zeiträume unabhängig ist. Ist zusätzlich während der betrachteten Zeit die Nachfragestruktur in dem Sinne stabil, daß die Verteilung für gleichgroße Intervalle identisch ist, so kann die Nachfrage durch einen stochastischen Prozeß mit unabhängigen und stationären Zuwächsen beschrieben werden.

Charakterisierung Poissonscher Sprungprozesse

Zunächst werden stochastische Prozesse definiert, deren Realisationen rechtsseitig stetige Treppenfunktionen sind.

I.Definition: Ein stochastischer Prozeß $(\Omega, \mathfrak{A}, P, (a_t)_{t \in R^+})$ heißt Sprungprozeß, wenn er sich folgendermaßen darstellen läßt:

$$a_t = \sum_{n=1}^{\infty} x_n \chi_{[o,t]} \circ \Theta_n \text{ , wobei } \Theta_n = \sum_{i=1}^{n} \tau_i \quad \text{für } n \in N \text{ ist}$$

$$\tau_i : (\Omega, \mathfrak{A}) \to (R^+, \mathfrak{B}^+) \quad \tau_i > 0, \; i \in N, \quad \sum_{i=1}^{\infty} \tau_i = \infty$$

$$x_i : (\Omega, \mathfrak{A}) \to (R, \mathfrak{B}) \quad x_i \neq 0 \quad i \in N$$

In dieser Definition ist $a_o \equiv 0$ vorausgesetzt. Für den etwas allgemeineren Fall - $a_o \not\equiv 0$ - kann man $(a_t)_{t \in R^+}$ durch $(a + a_t)_{t \in R^+}$ ersetzen, wobei a eine reelle Zufallsvariable ist.

Beispiel einer Realisation $a_t(\omega)$, $\omega \in \Omega$ eines Sprungprozesses:

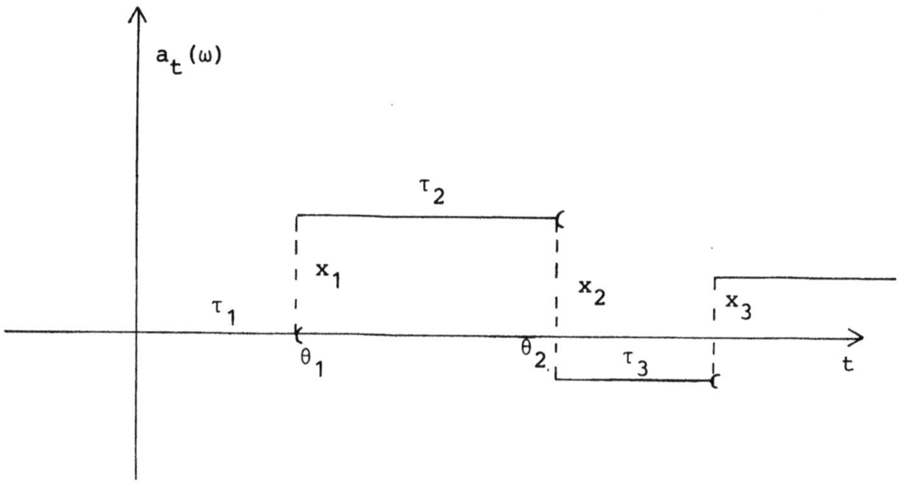

Die Voraussetzung $\sum_{i=1}^{\infty} \tau_i = \infty$ kann ohne wesentlichen Einfluß auf das folgende durch $\sum_{i=1}^{\infty} \tau_i = \infty$ P-fast sicher ersetzt werden. Dann sind nur fast sicher alle Pfade rechtsseitig stetige Treppenfunktionen (Treppenfunktion beinhaltet hier, daß in jedem endlichen Intervall nur endlich viele Sprünge auftreten).

Der nächste Satz gibt eine Charakterisierung der Sprungprozesse mit unabhängigen und stationären Zuwächsen an. Die entsprechende Aussage haben Doob im Falle konstanter Sprunghöhe $x_i \equiv 1$ [5], Feller [6] und Förstner [7] für den Zustandsraum der natürlichen Zahlen, Bühlmann [3], falls der Absolutbetrag der Sprunghöhe größer oder gleich einer festvorgegebenen echtpositiven Zahl ist und wiederum Bühlmann [3,4] für den Fall, daß der Erwartungswert der Anzahl der Sprungstellen in jedem endlichen Intervall endlich ist, bewiesen. Satz 2 gibt den allgemeinen Fall an.

<u>2. Satz:</u> Sei $(a_t)_{t \in R^+}$ ein Sprungprozeß, dessen Pfade nicht fast sicher konstant sind, das bedeutet $P\{\omega: a_t(\omega) = 0$ für alle $t \in R^+\} < 1$, $(a_t)_{t \in R^+}$ besitzt genau dann unabhängige und stationäre Zuwächse, wenn er ein Poissonscher Sprungprozeß ist.

Hierbei ist der Poissonsche Sprungprozeß folgendermaßen defniert:

<u>3.Definition</u>: Ein Sprungprozeß heißt Poissonscher Sprungprozeß mit Parameter λ, wenn eine Darstellung der Art wie in Definition 1 existiert, mit folgenden Eigenschaften:

(3.1) Die τ_i sind reelle exponential verteilte Zufallsvariablen mit Parameter λ und von den x_i unabhängig.
(3.2) $(\tau_i \otimes x_i)_{i \in N}$ ist eine Familie unabhängiger identisch verteilter Zufallsvariablen.

Als Verteilung P_{a_t} eines Poissonschen Sprungprozesse mit Parameter λ ergibt sich für $t \in R^+$.

(3.3) $P_{a_t} = \exp(-\lambda t) \sum_{n=0}^{\infty} P_x^{*n} \frac{(\lambda t)^n}{n!} \quad P_x^{*0} = \varepsilon_0, \quad P_x^{*n} := P_x^{*n-1} * P_x \quad n \in N$

Eine Verteilung dieser Art heißt "compound Poisson Verteilung", siehe [6] .

Für identisch verteilte Zufallsvariable x_i wird im folgenden P_x und $P\{x \in A\}$ kurz für P_{x_i} beziehungsweise $P\{x_i \in A\}$ gesetzt.

Die in Definition 3 angegebene Darstellung ist die einzige Darstellung mit $\tau_i > 0$ und $\dot{x}_i = 0$ für alle i.

<u>Beweis zu 2</u>: Satz 2 kann auf den entsprechenden Satz von Bühlmann [3] zurückgeführt werden, indem man zeigt (siehe unten), daß die τ_i unabhängig und identisch verteilt sind. Aus der Erneuerungstheorie ist nämlich bekannt, daß in diesem Fall der Erwartungswert der Zufallsvariablen ν_t, die die Anzahl der Sprünge bis zum Zeitpunkt t angibt, für jedes positive t endlich ist. - Man kann aber auch ohne die in [3] benutzte Darstellung der charakteristischen Funktion unbegrenzt teilbarer Verteilungen unter Benutzung des folgenden Beweises - indem man zeigt, daß auch die τ_i von dem x_i unabhängig und exponential verteilt sind - die Gültigkeit von 2 nachweisen.

Um zu zeigen, daß $a_t = \sum_{n=1}^{\infty} x_n \chi_{[o,t]} \circ \theta_n$ mit unabhängigen identisch verteilten Zufallsvariablen $\tau_i \otimes x_i$, führt man einige Ereignisse ein und stellt Beziehungen dazwischen auf. Um den Beweis übersichtlich zu halten, untersucht man nur $\tau_1 \otimes x_1$ und $\tau_2 \otimes x_2$. Der allgemeine Fall folgt analog.

$$A_j^n(c,b) = \{0 \neq a_{\frac{j}{n}c} - a_{\frac{j-1}{n}c} < b,\ a_{\frac{j-1}{n}c} - a_{\frac{j-2}{n}c} = \dots = a_{\frac{1}{n}c} - a_o = 0\}$$

$$B_{ji}^n(c,d,e) = \{0 \neq a_{\frac{j}{n}c+\frac{i}{n}d} - a_{\frac{j}{n}c+\frac{i-1}{n}d} < e,\ a_{\frac{j}{n}c+\frac{i-1}{n}d} - a_{\frac{j}{n}c+\frac{i-2}{n}d} =$$

$$= \dots = a_{\frac{j}{n}c+\frac{1}{n}d} - a_{\frac{j}{n}c} = 0\} \quad n \in N \quad j=1,\dots,n \quad i=0,1,\dots,n$$

$$B_{oi}^n(c,d,e) = A_i^n(d,e) \qquad C_n(g) = \{\tau_1 > \tfrac{g}{n},\ \tau_2 > \tfrac{g}{n}\}$$

$$P(B_{ji}^n(c,d,e)) = P(B_{oi}^n(c,d,e)) = P(A_i^n(d,e))$$

$$P(A_j^n(c,b) \cap B_{ji}^n(c,d,e)) = P(A_j^n(c,b))\ P(B_{ji}^n(c,d,e))$$

$$= P(A_j^n(c,b))\ P(A_i^n(d,e))$$

Bei diesen Gleichungen wurde benutzt, daß $(a_t)_{t \in R^+}$ stationäre und unabhängige Zuwächse besitzt.

Da die $\tau_i > 0$ sind, kann man zu jedem $\varepsilon > 0$ wegen der Stetigkeit von oben n so groß wählen, daß $P\overline{(C_n(c_1+c_2))} < \varepsilon$ ist für fest vorgegebene c_1, c_2. Somit erhält man für die τ_i und x_i des erzeugenden VZMP für beliebige reelle Zahlen b_1, b_2 und positive Zahlen c_1, c_2 mit $g = c_1 + c_2$ bei hinreichend groß gewähltem n:

$$P\{\tau_1 < c_1, x_1 < b_1, \tau_2 < c_2, x_2 < b_2\} = P(\{\tau_1 < c_1, x_1 < b_1, \tau_2 < c_2, x_2 < b_2\} \cap C_n(g))$$

$$+ P(\{\tau_1 < c_1, x_1 < b_1, \tau_2 < c_2, x_2 < b_2\} \cap \overline{C_n(g)})$$

$$\leq P(\{\tau_1 < c_1, x_1 < b_1, \tau_2 < c_2, x_2 < b_2\} \cap C_n(g)) + \varepsilon$$

$$= \left[\sum_{j,i=1}^{n} P(A_j^n(c_1,b_1) \cap B_{ji}^n(c_1,c_2,b_2) \cap C_n(g))\right] + \varepsilon$$

$$\leq \left[\sum_{j,i=1}^{n} P(A_j^n(c_1,b_1) \cap B_{ji}^n(c_1,c_2,b_2))\right] + \varepsilon$$

$$= \left[\sum_{j,i=1}^{n} P(A_j^n(c_1,b_1))\ P(A_i^n(c_2,b_2))\right] + \varepsilon$$

$$= P(\bigcup_{j=1}^{n} A_j^n(c_1,b_1))\ P(\bigcup_{i=1}^{n} A_i^n(c_2,b_2)) + \varepsilon$$

$$\leq [P(\bigcup_{j=1}^{n} A_j^n(c_1,b_1) \cap C_n(g)) + \varepsilon][P(\bigcup_{i=1}^{n} A_i^n(c_2,b_2) \cap C_n(g)) + \varepsilon] + \varepsilon$$

$$\leq P\{\tau_1 < c_1, x_1 < b_1\}\ P\{\tau_1 < c_2, x_1 < b_2\} + 4\varepsilon$$

$$P\{\tau_1 < c_1, x_1 < b_1, \tau_2 < c_2, x_2 < b_2\} \geq P(\{\tau_1 < c_1, x_1 < b_1, \tau_2 < c_2, x_2 < b_2\} \cap C_n(g))$$

$$= \sum_{j,i=1}^{n} P(A_j^n(c_1,b_1) \cap B_{ji}^n(c_1,c_2,b_2) \cap C_n(g))$$

$$\geq [\sum_{j,i=1}^{n} P(A_j^n(c_1,b_1) \cap B_{ji}^n(c_1,c_2,b_2))] - \varepsilon$$

$$= [\sum_{j,i=1}^{n} P(A_j^n(c_1,b_1))\ P(A_i^n(c_2,b_2))] - \varepsilon$$

$$\geq P(\bigcup_{j=1}^{n} A_j^n(c_1,b_1) \cap C_n(g))\ P(\bigcup_{i=1}^{n} A_i^n(c_2,b_2) \cap C_n(g)) - \varepsilon$$

$$= P(\{\tau_1 < c_1, x_1 < b_1\} \cap C_n(g))\ P(\{\tau_1 < c_2, x_1 < b_2\} \cap C_n(g)) - \varepsilon$$

$$\geq P\{\tau_1 < c_1, x_1 < b_1\}\ P\{\tau_1 < c_2, x_1 < b_2\} - 3\varepsilon$$

Da beide Abschätzungen für jedes $\varepsilon > 0$ gelten, sind die $\tau_i \otimes x_i$ unabhängige identisch verteilte Zufallsvariablen.

Vergleicht man Satz 2 mit dem entsprechenden Satz von Bühlmann, so ergibt sich, daß es keine stochstischen Prozesse $(b_t)_{t \in R^+}$ mit Zustandsraum $(R, \mathcal{B})$ gibt, die die folgenden Forderungen 1), 2) und 3) zugleich erfüllen.

1) $(b_t)_{t \in R^+}$ hat stationäre und unabhängige Zuwächse.

2) Fast alle Pfade steigen und fallen nur in Sprüngen, und zwar jeweils endlich viele Sprünge in jedem endlichen Intervall.

3) Es gibt ein endliches Intervall, so daß der Erwartungswert der Anzahl der Sprünge innerhalb dieses Intervalls unendlich ist.

Addition: Da die Summe zweier Sprungprozesse ein Sprungprozeß ist - es läßt sich nämlich beweisen, daß ein stochastischer Prozeß $(a_t)_{t\in R^+}$ mit Zustandsraum $(R,\mathcal{B})$ und $a_o \equiv o$ genau dann ein Sprungprozeß ist, wenn seine Pfade sämtlich rechtsseitig stetige Treppenfunktionen sind - und da wegen $(P_1 \otimes Q_1) * (P_2 \otimes Q_2) = (P_1 * P_2) \otimes (Q_1 * Q_2)$ $(P_1, P_2, Q_1, Q_2$ Wahrscheinlichkeitsmaße auf $\mathcal{B})$ siehe[1] die Summe zweier unabhängiger stochastischer Prozesse mit unabhängigen und stationären Zuwächsen, wiederum ein stochastischer Prozeß mit unabhängigen und stationären Zuwächsen ist, gilt Satz 4.

4. Satz: Seien $(a^1_t)_{t\in R^+}$ und $(a^2_t)_{t\in R^+}$ zwei unabhängige Poissonsche Sprungprozesse auf $(\Omega,\mathfrak{A},P)$. Die Summe $(a_t)_{t\in R^+}$ von $(a^1_t)_{t\in R^+}$ und $(a^2_t)_{t\in R^+}$ ist wiederum ein Poissonscher Sprungprozeß, und zwar mit Parameter $\lambda+\mu$. Für die entsprechenden Verteilungen P_x, P_{x^1} und P_{x^2} gilt: $P_x = \frac{\lambda}{\lambda+\mu} P_{x^1} + \frac{\mu}{\lambda+\mu} P_{x^2}$

Beweis: Nach den zuvor gemachten Ausführungen bleibt nur noch zu zeigen, daß

$$P_{a_t} = \exp(-(\lambda+\mu)t) \sum_{n=o}^{\infty} \left(\frac{\lambda}{\lambda+\mu} P_{x^1} + \frac{\mu}{\lambda+\mu} P_{x^2}\right)^{*n} \frac{((\lambda+\mu)t)^n}{n!} \neq \varepsilon_o.$$

$$P_{a_t} = P_{a^1_t} * P_{a^2_t} = [\![\exp(-\lambda t) \sum_{n=o}^{\infty} P_{x^1}^{*n} \frac{(\lambda t)^n}{n!}]\!] * [\![\exp(-\mu t) \sum_{n=o}^{\infty} P_{x^2}^{*n} \frac{(\mu t)^n}{n!}]\!]$$

Mit $\hat{P}_{a^1_t}(z) = \exp(-\lambda t(\hat{P}_{x^1}(z)-1)$ und entsprechendem $\hat{P}_{a^2_t}$ ergibt sich die charakteristische Funktion $\hat{P}_{a_t}$:

$$\hat{P}_{a_t}(z) = \hat{P}_{a^1_t}(z)\hat{P}_{a^2_t}(z) = \exp(-\lambda t(\hat{P}_{x^1}(z)-1-\mu t(\hat{P}_{x^2}(z)-1)) =$$

$$= \exp(-(\lambda+\mu)t\left(\frac{\lambda}{\lambda+\mu}\hat{P}_{x^1}(z) + \frac{\mu}{\lambda+\mu}\hat{P}_{x^2}(z)-1\right)$$

Dies ist die charakteristische Funktion des W-Maßes:

$$\exp(-(\lambda+\mu)t) \sum_{n=o}^{\infty} \frac{((\lambda+\mu)t)^n}{n!} \left(\frac{\lambda}{\lambda+\mu} P_{x^1} + \frac{\mu}{\lambda+\mu} P_{x^2}\right)^{*n}$$

Dieses Maß ist ungleich ε_o, da P_{x^1} und P_{x^2} ungleich ε_o sind.

Zerlegung: Eine andere Möglichkeit aus einem gegebenen Poissonschen Sprungprozeß einen anderen Poissonschen Sprungprozeß zu bilden, gibt der folgende Satz an:

5. Satz: Sei $(\Omega, \mathfrak{A}, P, (\tau_i \otimes x_i \otimes y_i)_{i \in N})$ ein stochastischer Prozeß mit unabhängigen und identisch verteilten Zufallsvariablen $(\tau_i \otimes x_i \otimes y_i)$ und Zustandsraum $(R^+ x\, R_2, \mathfrak{B}^+ \otimes \mathfrak{B}^2)$, so daß P_τ die Exponentialverteilung mit Parameter λ ist. Ferner seien die τ_i von den $x_i \otimes y_i$ unabhängig. Für beliebige Mengen $A \in \mathfrak{B}$ mit $0 < P_y(A) < 1$ ist $(a_t^{yA})_{t \in R^+}$ mit $a_t^{yA} = \sum_{n=1}^{\infty} x_n \chi_A \circ y_n \chi_{[0,t]} \circ \theta_n$ $t \in R^+$ ein Poissonscher Sprungprozeß. Es gilt $a_t^{yA} = \sum_{n=1}^{\infty} x_n^{yA} \cdot \chi_{[0,t]} \circ \theta_n^{yA}$ - $\theta_n^{yA} = \sum_{n=1}^{n} \tau_i^{yA}$ - Hierbei ist $P_{\tau^{yA}}$ die Exponentialverteilung mit Parameter $\lambda\, P_y(A)$ und $P_{x^{yA}} = (P|_{\{y \in A\}})_{x^1}$

Beweis: (a_t^{yA}) läßt sich durch $a_t^{yA} = \sum_{n=1}^{\infty} x_n \chi_{[0,t]} \circ \theta_n$ mit

$x_i = x_i \ \chi_A \circ y_i$ darstellen. $\tau_n \otimes x_n$ sind identisch verteilte unabhängige Zufallsvariablen, wobei x_n mit echt positiver Wahrscheinlichkeit gleich Null ist.

Ist n die kleinste natürliche Zahl, so daß $x_n(\omega) > 0$, so faßt man die ersten n τ_i zu τ_1^{yA} zusammen und setzt $x_1^{yA} = x_n$. x_2^{yA} ist das folgende x_i, das echt größer Null ist und τ_2^{yA} die Summe der entsprechenden τ_i. Setzt man dieses Verfahren fort, so erhält man eine Familie unabhängiger identisch verteilter Zufallsvariablen $(\tau_i^{yA} \otimes x_i^{yA})_{i \in N}$.

Es braucht also nur nur $P_{\tau_1^{yA} \otimes x_1^{yA}}$ bestimmt zu werden. Für beliebige Mengen $C x\, B \in \mathfrak{B}^+ \otimes \mathfrak{B}$ gilt:

$$P_{\tau^{yA} \otimes x^{yA}}(C\times B) = \sum_{n=1}^{\infty} P\{y_1\in\bar{A},\dots,y_{n-1}\in\bar{A},y_n\in A,x_n\in B, \sum_{n=1}^{n} \tau_i\in C\}$$

$$= \sum_{n=1}^{\infty} (\prod_{i=1}^{n-1} P\{y_i\in\bar{A}\})\ P\{y_n\in A,x_n\in B\}P_\tau^{*n}(C)$$

$$= P\{x\in B|y\in A\}\frac{P\{y\in A\}}{P\{y\in\bar{A}\}}\sum_{n=1}^{\infty}(P\{y\in\bar{A}\})^n P_\tau^{*n}(C)$$

Für beliebiges $B\in\mathcal{B}$ erhält man mit $c=P_y(\bar{A})$ als charakteristische Funktion des Maßes $P_{\tau^{y^A}\otimes x^{y^A}}(.\times B)$ - da $|c\hat{P}_\tau|<1$ -

$$\hat{P}_{\tau^{yA}\otimes x^{yA}}(.\times B)= P\{x\in B|y\in A\}\frac{1-c}{c}\sum_{n=1}^{\infty}(c\hat{P}_\tau)^n= P\{x\in B|y\in A\}\frac{1-c}{c}(\frac{1}{1-c\hat{P}_\tau} - 1)$$

Setzt man nun in diese Gleichung die charakteristische Funktion der Exponentialverteilung $P_\tau(z)=\frac{\lambda}{\lambda-iz}$ ein, so ergibt sich nach einigen Umformungen:

$$P_{\tau^{yA}\otimes x^{yA}}(.\times B)(z) = P\{x\in B|y\in A\}\frac{(1-c)\lambda}{(1-c)\lambda-iz}$$

Da $\frac{(1-c)\lambda}{(1-c)\lambda-iz}$ die charakterische Funktion der Exponentialverteilung mit Parameter $(1-c)\lambda$ ist, erhält man

$P_{\tau^{yA}\otimes x^{yA}}= (P|_{\{y\in A\}})_x\otimes P_{\tau^{yA}}$, wobei $P_{\tau^{yA}}$ die Exponentialverteilung mit Parameter $\lambda P_y(A)$ ist.

Als Spezialfälle von Satz 5 ergeben sich für $y_i\equiv x_i$: $P_{x^{yA}}=(P_x)|_A$

$P_{\tau^{yA}}[0,t]=1-\exp(-\lambda P_x(A)t)$ und für y_i von x_i unabhängig: $P_{x^{yA}}=P_x$

$P_{\tau^{yA}}[0,t]=1-\exp(-\lambda P_y(A)t)$ für alle $t\in R^+$. ┘

Man kann nach Satz 5 also einen Poissonschen Sprungprozeß in zwei Poissonsche Sprungprozesse a_t^{yA} und $a_t^{y\bar{A}}$ zerlegen. Der folgende Satz sagt aus, daß die so gewonnenen stochastischen Prozesse voneinander unabhängig sind.

<u>6. Satz:</u> Unter den Voraussetzungen von Satz 5 sind (a_t^{yA}) und $(a_t^{y\bar{A}})$ unabhängige stochastische Prozesse mit $a_t^{yA} + a_t^{y\bar{A}} = a_t$ für alle $t\in R^+$.

Beweis: Die letzte Aussage gilt, da $\chi_A\circ y_n+\chi_{\bar{A}}\circ y_n \equiv 1$ ist. Da zwei stochastische Prozesse genau dann unabhängig sind, wenn die von ihnen erzeugten σ-Algebren unabhängig sind, kann man sich nach [1]

auf durchschnittsstabile Erzeuger beschränken. Solche Erzeuger bilden die Mengen der Form

$$C^{yA} = (a^{yA}_{t_1} \boxtimes a^{yA}_{t_2} - a^{yA}_{t_1} \boxtimes \ldots \boxtimes a^{yA}_{t_n} - a^{yA}_{t_{n-1}})^{-1}\ (B) \quad B\in\mathcal{B}^n \quad 0< t_1<\ldots<t_n$$

beziehungsweise entsprechende $C^{y\bar{A}}$. Es muß also die Unabhängigkeit der Zufallsvariablen $a^{yA}_{t_1} \boxtimes a^{yA}_{t_2} - a^{yA}_{t} \boxtimes \ldots \boxtimes a^{yA}_{t_n} - a^{yA}_{t_{n-1}}$ und

$a^{y\bar{A}}_{d_1} \boxtimes a^{y\bar{A}}_{d_2} - a^{y\bar{A}}_{d_1} \boxtimes \ldots \boxtimes a^{y\bar{A}}_{d_m} - a^{y\bar{A}}_{d_{m-1}}$ für beliebige natürliche

Zahlen $n,m\in N$ und reelle $0<t_1<\ldots<t_n$, $0<d_1<\ldots<d_m$ gezeigt werden.

Man kann ohne Einschränkung der Allgemeinheit annehmen, daß $n=m$ und $t_1=d_1,\ldots, t_n=d_n$.

Um sich auf den Fall n=1 beschränken zu können, wird zunächst gezeigt, daß auch $(a^{yA}_t \boxtimes a^{y\bar{A}}_t)_{t\in R^+}$ ein stochastischer Prozeß mit unabhängigen und stationören Zuwächsen ist. Dabei wird benutzt, daß $(\nu_t)_{t\in R^+}$ wegen der exponentialverteilten τ_i ein stochstischer Prozeß mit unabhängigen und stationären Zuwächsen ist - nämlich ein Poissonscher Prozeß - [5] . Außerdem ist ν_t von x_i und y_i $i\in N$ unabhängig, wobei $(x_i \boxtimes y_i)_{i\in N}$ wiederum eine Familie unabhängiger identisch verteilter Zufallsvariablen ist. Für beliebige Mengen $B_1, B_2, C_1, C_2\in\mathcal{B}$ $0<t_1 < t_2$ gilt also † :

$$P\{a^{yA}_{t_1}\in B_1, a^{yA}_{t_2}-a^{yA}_{t_1}\in B_2, a^{y\bar{A}}_{t_1}\in C_1, a^{y\bar{A}}_{t_2}-a^{y\bar{A}}_{t_1}\in C_2\} \quad †$$

$$= P\{\sum_{i=1}^{\nu_{t_1}} x_i\chi_A\circ y_i\in B_1, \sum_{i=\nu_{t_1}+1}^{\nu_{t_2}} x_i\chi_A\circ y_i\in B_2, \sum_{i=1}^{\nu_{t_1}} x_i\chi_{\bar{A}}\circ y\in C_1, \sum_{i=\nu_{t_1}+1}^{\nu_{t_2}} x_i\chi_{\bar{A}}\circ y_i\in C_2\}$$

$$= \sum_{n=0}^{\infty}\sum_{m=0}^{\infty} P\{\sum_{i=1}^{\nu_{t_1}} x_i\chi_A\circ y_i\in B_1, \sum_{i=\nu_{t_1}+1}^{\nu_{t_2}} x_i\chi_A\circ y_i\in B_2, \sum_{i=1}^{\nu_{t_1}} x_i\chi_{\bar{A}}\circ y_i\in C_1,$$
$$\sum_{i=\nu_{t_1}+1}^{\nu_{t_2}} x_i\chi_{\bar{A}}\circ y_i\in C_2,\ \nu_{t_1}=n,\ \nu_{t_2}-\nu_{t_1}=m\}$$

$$= \sum_{n=0}^{\infty}\sum_{m=0}^{\infty} P\{\sum_{i=1}^{n} x_i\chi_A\circ y_i\in B_1, \sum_{i=n+1}^{n+m} x_i\chi_A\circ y_i\in B_2, \sum_{i=1}^{n} x_i\chi_{\bar{A}}\circ y_i\in C_1,$$
$$\sum_{i=n+1}^{n+m} x_i\chi_{\bar{A}}\circ y_i\in C_2\}\ P\{\nu_{t_1}=n,\ \nu_{t_2}-\nu_{t_1}=m\}$$

† Der Beweis für beliebige n ist analog, aber weniger übersichtlich.

$$= \sum_{n=0}^{\infty} \sum_{m=0}^{\infty} P\{\sum_{i=1}^{n} x_i \chi_A \circ y_i \in B_1, \sum_{i=1}^{n} x_i \chi_{\bar{A}} \circ y_i \in C_1\} P\{\nu_{t_1} = n\}$$

$$P\{\sum_{i=1}^{m} x_i \chi_A \circ y_i \in B_2, \sum_{i=1}^{m} x_i \chi_{\bar{A}} \circ y_i \in C_2\} P\{\nu_{t_2 - t_1} = m\}$$

$$= P\{a_{t_1}^{yA} \in B_1, a_{t_1}^{y\bar{A}} \in C_1\} P\{a_{t_2-t_1}^{yA} \in B_2, a_{t_2-t_1}^{y\bar{A}} \in C_2\}$$

Aus gleichen Gründen folgt weiter für beliebige Mengen B, C

$$P\{a_t^{yA} \in B, a_t^{y\bar{A}} \in C\} = P\{\sum_{i=0}^{\nu_t} x_i \chi_A \circ y_i \in B, \sum_{i=0}^{\nu_t} x_i \chi_{\bar{A}} \circ y_i \in C\}$$

$$= \exp(-\lambda t) \sum_{n=0}^{\infty} P\{\sum_{i=0}^{n} x_i \chi_A \circ y_i \in B, \sum_{i=0}^{n} x_i \chi_{\bar{A}} \circ y_i \in C\} \frac{(\lambda t)^n}{n!}$$

$$= \exp(-\lambda t) \sum_{n=0}^{\infty} \sum_{k=0}^{n} \binom{n}{k} (P\Big|_{\{y \in A\}})_x^{*k}(B) (P\Big|_{\{y \in \bar{A}\}})_x^{*n-k}(C) (P_y(A))^k \quad (*)$$

$$(P_y(\bar{A}))^{n-k} \frac{(\lambda t)^n}{n!}$$

Die letzte Gleichheit folgt aus der Formel der totalen Wahrscheinlichkeit [1] wegen der Unabhängigkeit der $x_i \otimes y_i$, indem man gleichartige Summanden zusammenfaßt. Für beliebige natürliche Zahlen n und k mit $0 \leq k \leq n$ gilt nämlich:

$$P\{\sum_{i=1}^{n} x_i \chi_A \circ y_i \in B, \sum_{i=1}^{n} x_i \chi_{\bar{A}} \circ y_i \in C \mid y_1 \in A, \ldots, y_k \in A, y_{k+1} \in \bar{A}, \ldots, y_n \in \bar{A}\}$$

$$= P\{\sum_{i=1}^{k} x_i \in B, \sum_{i=k+1}^{n} x_i \in C \mid y_1 \in A, \ldots, y_k \in A, y_{k+1} \in \bar{A}, \ldots, y_n \in \bar{A}\}$$

$$= P\{\sum_{i=1}^{k} x_i \in B \mid y_1 \in A, \ldots, y_k \in A\} P\{\sum_{i=k+1}^{n} x_i \in C \mid y_{k+1} \in \bar{A}, \ldots, y_n \in \bar{A}\}$$

$$= (P\Big|_{\{y \in A\}})_x^{*k} (P\Big|_{\{y \in \bar{A}\}})_x^{*n-k}$$

Durch weitere Umformungen erhält man aus (*)

$$P\{a_t^{yA}\in B, a_t^{y\bar{A}}\in C\} = \exp(-\lambda t) \sum_{n=0}^{\infty} \sum_{k=0}^{n} (P|_{\{y\in A\}})^{*k}(B)$$

$$(P|_{\{y\in\bar{A}\}})^{*n-k}(C) \frac{(\lambda P_y(A)t)^k}{k!} \frac{(\lambda P_y(\bar{A})t)^{n-k}}{(n-k)!}$$

$$= \exp(-\lambda P_y(A)t)[\sum_{n=0} (P|_{\{y\in A\}})_x^{*n}(B) \frac{(\lambda P_y(A)t)^n}{n!}]$$

$$\exp(-\lambda P_y(\bar{A})t)[\sum_{n=0}^{\infty} (P|_{\{y\in\bar{A}\}})_x^{*n}(C) \frac{(\lambda P_y(\bar{A})t)^n}{n!}$$

$$=P\{a_t^{yA}\in B\}\ P\{a_t^{y\bar{A}}\in C\}$$

Also gilt $P_{a_t^{yA}\otimes a_t^{y\bar{A}}}=P_{a_t^{ya}}\otimes P_{a_t^{y\bar{A}}}$. Somit sind a_t^{yA} und $a_t^{y\bar{A}}$ für alle reellen t unabhängige Zufallsvariablen und insgesamt (a_t^{yA}) und $(a_t^{y\bar{A}})$ zwei unabhängige Poissonsche Sprungprozesse.

┘

Setzt man in Satz 6 $x_i\equiv 1$, so erhält man als Spezialfall die Zerlegung eines Poissonschen Zählprozesses in zwei unabhängige Poissonsche Zählprozesse.

Analog kann man Satz 6 auch für beliebige Zerlegungen $a_t^{yA_1}, a_t^{yA_2}, \ldots, a_t^{yA_n}$ $n\in N$ für disjunkte Borelsche Mengen $A_1,\ldots,A_n$ zeigen.

Für jedes $c \neq 0$ ist bei gegebenen Poissonschen Sprungprozeß $(a_t)_{t\in R^+}$ auch $(ca_t)_{t\in R^+}$ wiederum ein Poissonscher Sprungprozeß. Wegen Satz 4 gilt also insgesamt, daß jede Linearkombination unabhängiger Poissonscher Sprungprozesse $(c_1a_t^1 + c_2a_t^2 + \ldots + c_na_t^n)$, wobei die c_i nicht sämtlich gleich Null sind, ein Poissonscher Sprungprozeß ist.

Eine andere Möglichkeit aus einem gegebenen Poissonschen ZMP neue Poissonsche ZMP zu konstruieren ist, ihn im Sinne des folgenden Satzes zu "verschieben":

7. Satz: Sei $(a_t)_{t\in R^+}$ ein Poissonscher Sprungprozeß mit zugehörigen $\tau_i \otimes x_i$ $i\in N$. Für beliebiges $s\in R^+$ ist $(a_t^s)_{t\in R^+}$ definiert durch $a_t^s = \sum_{n=1}^{\infty} x_n^s \chi_{[0,t]} \circ \theta_n^s$ mit $\tau_1^s = v_t$ (hierbei ist v_t die Vorwärtsrekurrenzzeit $\tau_{\nu_t+1} - t$), $\tau_i^s = \tau_{\nu_t+i}$, $i=2,3,\ldots..$ und $x_i^s = x_{\nu_t+i}$, $i=1,2,\ldots$ ein Poissonscher Sprungprozeß mit gleichem Parameter und $P_{x^s} = P_x$.

Beweis: Man zeigt, daß für den von $(\tau_i^s \otimes x_i^s)$ erzeugten Sprungprozeß (a_t^s) gilt $a_t^s = a_{t+s} - a_s$ $t\in R^+$. Dann sind nämlich die Verteilungen der Zuwächse von a_t^s die gleichen wie die von a_t.
Das gilt aber wegen:

$$a_t^s = \sum_{i=1}^{\nu_t^s} x_i^s = \sum_{i=\nu_s+1}^{\nu_{s+t}} x_i = \sum_{i=1}^{\nu_{s+t}} x_i - \sum_{i=1}^{\nu_s} x_i = a_{s+t} - a_s$$

Für den Poissonschen Sprungprozeß $(a_t)_{t\in R^+}$ ist sowohl der Erwatungswert als auch die Varianz proportional zur Zeit t.
Für einen Poissonschen Sprungprozeß mit Parameter λ gilt nämlich siehe z.B. [4]

$$E(a_t) = \lambda t \qquad\qquad Var(a_t) = \lambda E(X) t$$

Der Poissonsche Sprungprozeß in der Lagerhaltung

Angewandt auf Lagerhaltungsmodelle, deren Nachfrage durch einen Sprungprozeß beschrieben wird, besagt Satz 2 folgendes:

Der Nachfrageprozeß hat genau dann unabhängige und stationäre Zuwächse, wenn er ein Poissonscher Sprungprozeß ist. In diesem Fall werden die Zeitpunkte, zu denen nachgefragt wird, durch einen Poissonschen Prozeß beschrieben, also auch durch einen Poissonschen Sprungprozeß (Spezialfall $x_i=1$). Außerdem sind

die jeweiligen nachgefragten Mengen sowohl untereinander als auch von diesen Zeitpunkten unabhängig. Die Einzelnachfragen besitzen alle die gleiche Verteilung.†
Teilt man die positive reelle Zeitachse in äquidistante Intervalle, so kann man die Gesamtnachfrage innerhalb dieser Intervalle, im allgemeinen nicht als Eingangsprozeß eines Periodenmodells (unabhängige und für jede Periode identisch verteilte Nachfrage) benutzen. Man kann dies hingegen für beliebige Intervallängen genau dann, wenn der Nachfrageprozeß ein Poissonscher Sprungprozeß ist.
Man kann auf diese Art und Weise entstandene Nachfrageprozesse zweier Periodenmodelle zusammenfassen und erhält für jede beliebige Intervallänge einen neuen Periodenansatz, was im allgemeinen Fall nicht erlaubt ist.

Im Falle, daß die Nachfrage an ein Lager mit gegebener Kostenstruktur - Bestellkosten, Lagerungskosten und Fehlmengenkosten - und gegebener Auslieferungspolitik - backorder oder lost sales - durch einen Poissonschen Sprungprozeß beschrieben wird, kann man untersuchen, ob eine optimale Auffüllpolitik existiert, welcher Art sie ist und gegebenenfalls diese mit der optimalen Politik des entsprechenden Periodenmodells vergleichen. In einem Falle hat Beckmann [2] diese Frage beantwortet, und zwar für fixe Bestellkosten, Lagerungskosten und Fehlmengenkosten, die proportional zur Zeit und Menge sind, konstanter Lieferverzögerung und Diskontierungsrate $e^{-\alpha t}$ für alle t. Es ist nur Nachfrage zu ganzzahligen vielfachen einer Einheit erlaubt, nicht erfüllte Nachfrage wird vorgemerkt (backorder) und der Horizont ist unendlich. In diesem Fall existiert eine optimale Politik und diese ist vom (s,S)-Typ. Außerdem ist diese Politik kostengünstiger als jede (backorder) Politik bezüglich eines Periodenmodells mit gleicher Kostenstruktur. Hierbei sind keine Inspektionskosten berücksichtigt worden. Dieses ist durchführbar, falls alle Warenausgänge in einer Datenverarbeitungsanlage gespeichert werden und das Unterschreiten der unteren Grenze s automatisch gemeldet wird.

† In der Lagerhaltung setzt man im allgemeinen voraus, daß $x_i > 0$ ist.

Im folgenden werden drei Lagerhaltungsmodelle beschrieben, bei denen die Nachfrage durch einen Poissonschen Sprungprozeß dargestellt wird. Außerdem werden Eigenschaften dieser Systeme mit Hilfe der Sätze über Poissonsche Sprungprozesse hergeleitet.

Modell 1: Gegeben sei eine endliche Zahl von Einzellägern (kein Verbundsystem). Die Nachfrage an die Einzelläger werde jeweils durch unabhängige Sprungprozesse beschrieben. Faßt man die n Einzelläger zusammen in ein zentrales Lager - z.B. an der Produktionsstätte -, das soviel Güter enthält, wie die Einzelläger zusammen, so ist die "Lieferbereitschaft" größer, d.h. die Wahrscheinlichkeit, daß das zentrale Lager leer ist, ist kleiner als die Wahrscheinlichkeit, daß mindestens eins der Einzelläger leer wäre. Das folgt daraus. daß mindestens eins der Einzelläger leer wäre, wenn das zentrale Lager leer ist. Hingegen kann das zentrale Lager - mit echt positiver Wahrscheinlichkeit - noch lieferbereit sein, wenn die Kapazität eines Einzellagers überschritten ist.
Andererseits sind bei nur einem zentralen Lager die Transportkosten im allgemeinen wesentlich höher als bei mehreren Einzellägern, was besonders bei kleinen Mengen für weit entfernte Kunden deutlich wird. So sind je nach Kostenstruktur n Einzelläger oft kostengünstiger als ein zentrales Lager, auch wenn insgesamt mehr Güter gelagert werden.
Häufig erscheint auch ein Mittelweg sinnvoll. Man errichtet mehrere Einzelläger - die mit Verkaufsstellen identisch sein können. Diese erfüllen alle Nachfragen bis zu einer gewissen Größe M. Das zentrale Lager erfüllt dann die Einzelnachfragen, die größer sind. - Es können nun auch für einzelne Läger, z.B. bei unterschiedlicher Kapazität verschiedene Größen M gewählt werden. - Dieses Vorgehen erscheint besonders dann sinnvoll, wenn die Größenordnung der Bestellung nahezu mit der Transporteinheit - z.B. Lkw - oder deren Vielfachen übereinstimmt. Es entstehen dann nämlich keine zusätzlichen Transportkosten während die Lagerhaltungskosten, die anderenfalls z.B. durch höhere Personalkosten beim Be- und Entladen im Einzellager entstehen können, höher sind. Eine derartige Aufteilung zwischen

Einzellägern und zentralem Lager ist häufig im Bausektor zu beobachten.
Welche Vorgehensweise - Einzellager, zentrales Lager oder beides -, im Einzelfall kostengünstiger ist, hängt von den Lagerungskosten, Lieferungskosten, Kundenstruktur und anderem ab.
Im Falle, daß die Nachfragen an die Einzelläger durch (unabhängige) Poissonsche Sprungprozesse beschrieben werden können, ergeben sich für die Nachfrage an das zentrale Lager und für die Nachfrage, die von den Einzellägern erfüllt wird, wieder unabhängige Poissonsche Sprungprozesse.
In der Praxis muß man allerdings darauf achten, daß auf diese Art und Weise nicht die Nachfrage nur weniger Kunden ausgefiltert wird. Die Beschreibung durch Poissonsche Sprungprozesse ist im allgemeinen nämlich nur eine Näherung, die auf einer großen Zahl von Kunden beruht. So kann der Fall eintreten, daß die Näherung des Gesamtprozesses im Gegensatz zur Abspaltung einer seltenen Menge als hinreichend genau angesehen wird.
Der Fall n=2 ist im folgenden Schema angegeben. Die entsprechenden Verteilungen erhält man mit den Sätzen vier und fünf:

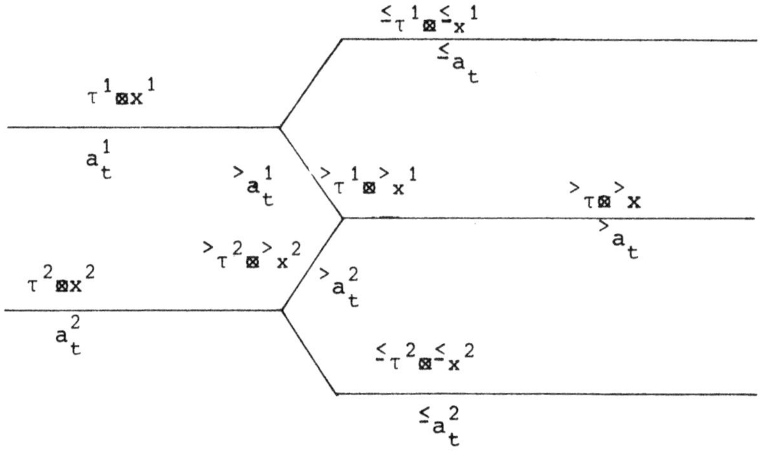

$\tau^1 \boxtimes x^1$, a_t^1, $\tau^2 \boxtimes x^2$ und a_t^2 beschreiben die Nachfrage an die Einzelläger.

$^{>}\tau^1 \boxtimes {}^{>}x^1$, $^{>}a_t^1$, $^{>}\tau^2 \boxtimes {}^{>}x^2$ und $^{>}a_t^2$ stellen die Nachfragen, die vom ersten bzw. zweiten Einzellager an das zentrale Lager weiter gegeben wird, während die mit "$\leq$" indizierten Größen die Nachfrage darstellen, die von den Einzellägern erfüllt werden soll.

$^{>}\tau \boxtimes {}^{>}x$, $^{>}a_t$ gibt die gesamte Nachfrage an, die an das zentrale Lager weitergeleitet wird.

Mit $P_{\tau^1}[0,t] = 1-\exp(-\lambda t)$, $\quad P_{x^1}[0,M] = a_1$,

$P_{\tau^2}[0,t] = 1-\exp(-\mu t)$, $\quad P_{x^2}[0,M] = a_2 \quad t \in R^+$ ergibt sich

für die übrigen Verteilungen ($t \in R^+$, $A \in \mathcal{A}$)

$$P_{\leq \tau^1}[0,t] = 1-\exp(-\lambda a_1 t) \qquad P_{\leq x^1}(A) = P\{x^1 \in A \mid x^1 \leq M\}$$

$$P_{> \tau^1}[0,t] = 1-\exp(-\lambda(1-a_1)t) \qquad P_{> x^1}(A) = P\{x^1 \in A \mid x^1 > M\}$$

$$P_{\leq \tau^2}[0,t] = 1-\exp(-\mu a_2 t) \qquad P_{\leq x^2}(A) = P\{x^2 \in A \mid x^2 \leq M\}$$

$$P_{> \tau^2}[0,t] = 1-\exp(-\mu(1-a_2)t) \qquad P_{> x^2}(A) = P\{x^2 \in A \mid x^2 > M\}$$

$$P_{> \tau}[0,t] = 1-\exp\left[-(\lambda(1-a_1) + \mu(1-a_2))t\right]$$

$$P_{> x}(A) = \frac{1}{\lambda(1-a_1)+\mu(1-a_2)}\left[\lambda(1-a_1)P\{x^1 \in A \mid x^1 > M\} + \mu(1-a_2) P\{x^2 \in A \mid x^2 > M\}\right]$$

Für a_t^1, a_t^2, $^{>}a_t$ ergeben sich nach 3.3 die entsprechenden compound Poisson Verteilungen.

Im Falle, daß die Nachfragen für beide Einzelläger dieselbe Verteilung besitzen, d.h. $P_{\tau^1 \boxtimes x^1} = P_{\tau^2 \boxtimes x^2}$ ergibt sich

$$P_{> \tau}[0,t] = 1-\exp(-2\lambda(1-a_1)t)$$

$$P_{> x}(A) = P\{x^1 \in A \mid x^1 \geq M\}$$

Modell 2: Ein Lager nimmt von Zeit zu Zeit Ware auf. Die Auffüllzeitpunkte folgen einem Poissonschen Prozeß, während die Mengen davon unabhängig und identisch verteilt sind. Zur Beschreibung des Modells kann also wieder ein Poissonscher Sprungprozeß dienen. - Dieses Modell kann bei einem Händler auftreten, der Ware, die ihm von vielen Anliefern angeboten wird, z.B. Schiffe, die im Hafen zufällig ankommen und entladen werden. Von diesem Prozeß unabhängig entscheidet er bei jeder Anlieferung, ob er die Ware sofort kauft (Wahrscheinlichkeit 1-a) oder erst testet (Wahrscheinlichkeit a). Beim Test wird entschieden, ob die Ware, so wie sie ist, ins Lager aufgenommen wird (Wahrscheinlichkeit b_1), repariert und dann gelagert(b_2) oder verworfen wird ($b_3 = 1-b_1-b_2$). Falls die Ware nicht in einer fest vorgegebenen Zeit repariert werden kann, wird sie verworfen.- Man kann auch den Fall betrachten, daß die Ware teilweise gelagert wird. Eine andere Möglichkeit ist es, daß die Entscheidung, ob die Ware ins Lager aufgenommen wird oder nicht von der jeweiligen Menge abhängt.- Die getesteten und nicht verworfenen Güter werden c Einheiten nach dem Test gemeinsam ins Lager aufgenommen. Es ergibt sich folgendes Schema

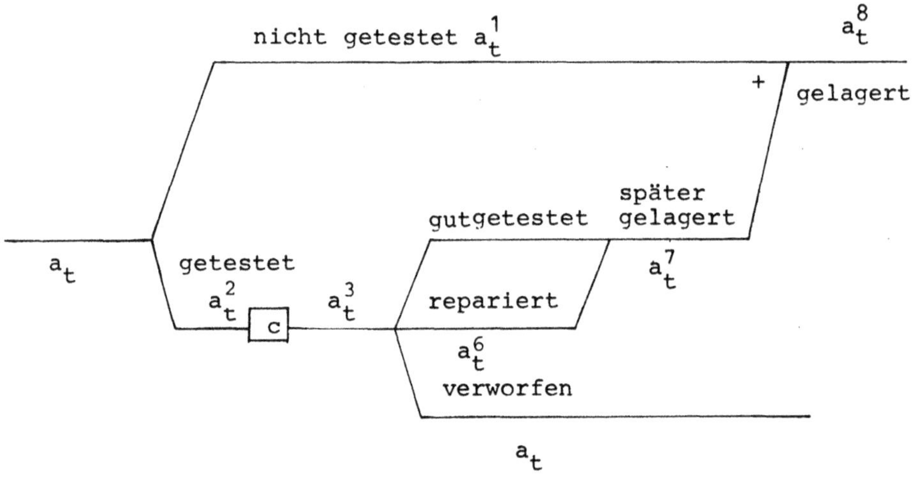

c bedeutet um c Einheiten verzögert

$(a_t^1)_{t\in R^+}$ ist von $(a_t^2)_{t\in R^+}$ bis $(a_t^7)_{t\in R^+}$ unabhängig.

$(a_t^6)_{t\in R^+}$ ist sowohl von $(a_t^7)_{t\in R^+}$ als auch von $(a_t^8)_{t\in R^+}$ unabhängig. - Werden hingegen die getesteten Güter teilweise gelagert und teilweise verworfen (beides mit positiver Wahrscheinlichkeit), so ist $(a_t^6)_{t\in R^+}$ sowohl von $(a_t^7)_{t\in R^+}$ als auch von $(a_t^8)_{t\in R^+}$ abhängig. - Wegen der Verzögerung (durch Test und Reparatur sind $(a_t^3)_{t\in R^+}$, $(a_t^6)_{t\in R^+}$, $(a_t^7)_{t\in R^+}$ und somit auch $(a_t^8)_{t\in R^+}$ keine Poisson'schen Sprungprozesse: $a_t^3 = 0$ für $0<t<c$ und $a_{t+c}^3 = a_t^2$ für alle t. Verschiebt man die Prozesse im Sinne von Satz 7 und bezeichnet die so entstehenden Prozesse mit $(b_t^i)_{t\in R^+}$ $i=1,\ldots,8$, so sind $b_t^1 = a_{t+c}^1 - a_c^1$ und $b_t^2 = a_{t+c}^2 - a_c^2$ wiederum Poisson'sche Sprungprozesse. Wegen $b_t^3 = a_{t+c}^3 - a_c^3 = a_t^2 - a_o^2 = a_t^2$ sind auch $(b_t^3)_{t\in R^+}$ und somit $(b_t^6)_{t\in R^+}$ und $(b_t^7)_{t\in R^+}$ und schließlich $(b_t^8)_{t\in R^+}$ Poissonsche Sprungprozesse. Hierbei sind $(b_t^6)_{t\in R^+}$ und $(b_t^8)_{t\in R^+}$ unabhängig. Die Verteilungen ergeben sich aus den Sätzen 5 bis 7:

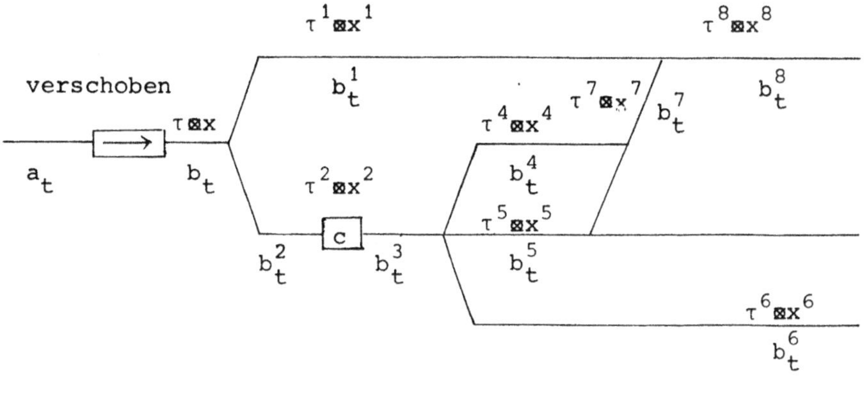

$$P_\tau\,[0,t] = 1 - \exp(-\lambda t)$$

$$P_{\tau^1}[0,t] = 1 - \exp(-\lambda a t) \qquad P_{x^1} = P_x$$

$$P_{\tau^2}[0,t] = 1 - \exp(-\lambda(1-a)t) \qquad P_{x^2} = P_x$$

$$\vdots$$

$$P_{\tau^6}[0,t] = 1 - \exp(-\lambda(1-a)b_3 t) \qquad P_{x^6} = P_x$$

$$P_{\tau^7}[0,t] = 1 - \exp(-\lambda(1-a)(1-b_3)t) \qquad P_{x^7} = P_x$$

$$P_{\tau^8}[0,t] = 1 - \exp(-\lambda(1-(1-a)b_3)t \qquad P_{x^8} = P_x$$

Modell 3: Es wird ein Gut gelagert, das nach einem Poissonschen Sprungprozeß nachgefragt wird. Die Wahrscheinlichkeit, daß das Lager zwischen zwei Inspektionszeitpunkten leer ist, soll kleiner oder gleich einer fest vorgegebenen Zahl α sein. Zu einem gegebenen Lagerbestand A wird eine Zahl t_1 so gewählt, daß das Lager mit Wahrscheinlichkeit $1-\alpha$ zum Zeitpunkt t lieferbereit ist. Zum Zeitpunkt t_1 wird, falls noch hinreichend viel im Lager ist, ein Zeitpunkt t_2 - abhängig vom Lagerbestand zum Zeitpunkt t_1 - bestimmt, so daß das Lager zum Zeitpunkt t_2 mit Wahrscheinlichkeit $1-\alpha$ nicht leer ist. Dieses Verfahren wird solange fortgesetzt, bis das Lager leer ist oder der Abstand der so entstehenden Inspektionszeitpunkte kleiner als eine fest vorgegebene Zahl T wird. Dann wird das Lager wieder auf die Ursprungsmenge A aufgefüllt. Eventueller Fehlbestand wird zusätzlich geliefert, oder die entsprechenden Nachfragen gehen verloren.[†]

Der Vorteil des Poissonschen Sprungprozesses liegt darin, daß die Nachfrage nach den Inspektionszeitpunkten durch Prozesse vom gleichen Typ beschrieben werden.

† Die Inspektionszeitpunkte sind bei diesem Modell also nicht äquidistant, sondern die Periodenlänge ist um so kürzer je weniger zu Beginn der Periode im Lager war. Die Periodenlänge wird durch die jeweilige Realisation mitbestimmt.

Setzt man für jede positive Zahl s $b_s = \sup(t : a_t \le s)$, so gibt b_s den Zeitpunkt an, zu dem die Gesamtnachfrage den Wert s überschreitet. b_s ist für jedes $s \in R^+$ $(\mathfrak{A}-\mathfrak{B})$ meßbar, und zwar gilt: $b_s = \sum_{n=0}^{\infty} \theta_{n+1} \chi_{[0,s]} \circ s_n \, \chi_{]s,\infty]} \circ s_{n+1}$, wobei $\sum_{i=1}^{n} x_i = s_n$ ist.[†] Das ergibt sich folgendermaßen. Für $s_n \le s < s_{n+1}$ gilt $a_{\theta_{n+1}} = s_{n+1} > s$ und für $t < \theta_{n+1}$ ist $a_t \le s_n \le s$, also $b_s = \sup(t : a_t \le s)$. $(b_s)_{s \in R^+}$ ist also auch ein Sprungprozeß. t_1 ist die reelle Zahl für die gilt: $P\{b_s \le t\} = 1-\alpha$. $P_{b_s} = \sum_{n=1}^{\infty} Q_\lambda^{*n} (P_x^{*n-1}[0,s] - P_x^{*n}[0,s])$, wobei Q_λ die Exponentialverteilung mit Parameter λ ist.

† Hierbei wird allerdings vorausgesetzt, daß $\lim_{n\to\infty} s_n = \infty$. Das gilt fast sicher, falls $P(x_i = 0) < 1$ ist.

Literaturverzeichnis

[1] Bauer,H.: Wahrscheinlichkeitstheorie und Grundzüge der Maßtheorie, de Gruyter, Berlin, 1974

[2] Beckmann,M.: An Inventory Model for Arbitrary Interval and Quantity Distributions of Demand, 1961 Management Science 8 No.1 S.35-57

[3] Bühlmann,H.: Note on the Collective Risk 1970 Skand. Akuar. Tidskr. S.174-177

[4] Bühlmann,H.: Mathematical Theory of Risk 1970, Springer, Berlin

[5] Doob,J.L.: Stochastic Processes 1974 Wiley & Sons, New York

[6] Feller,W.: An Introduction to Probability Theory and Its Applications I and II, 1957, Wiley & Sons, New York

[7] Förstner,K.: On Arrival Processes, which are Homogeneous in Time and Have Stochastically Independend Increments 1967, Operations Research Verfahren III,S.150-166

[8] Hochstätter,D.: Stochastische Lagerhaltungsmodelle Lecture Notes in Operations Rsearch and Mathematical Economics, 1969, Springer, Berlin

[9] Lucas,E.: Charakteristic Functions, 1960 Griffin, London 1960

[10] Neffke,H.;Therstappen,N.: Anwendung des Zeitmengenprozesses in der Lagerhaltung, 1975, Operations Research Verfahren XX, S.77-94

[11] Neffke,H.: Beiträge zur Theorie bewerteter Erneuerungsprozesse, 1976, Dissertation RWTH Aachen

FORSCHUNGSBERICHTE
des Landes Nordrhein-Westfalen

Herausgegeben
im Auftrage des Ministerpräsidenten Heinz Kühn
vom Minister für Wissenschaft und Forschung Johannes Rau

Die »Forschungsberichte des Landes Nordrhein-Westfalen« sind in zwölf Fachgruppen gegliedert:

Wirtschafts- und Sozialwissenschaften
Verkehr
Energie
Medizin/Biologie
Physik/Mathematik
Chemie
Elektrotechnik/Optik
Maschinenbau/Verfahrenstechnik
Hüttenwesen/Werkstoffkunde
Metallverarb. Industrie
Bau/Steine/Erden
Textilforschung

Die Neuerscheinungen in einer Fachgruppe können im Abonnement zum ermäßigten Serienpreis bezogen werden. Sie verpflichten sich durch das Abonnement einer Fachgruppe nicht zur Abnahme einer bestimmten Anzahl Neuerscheinungen, da Sie jeweils unter Einhaltung einer Frist von 4 Wochen kündigen können.

GPSR Compliance

The European Union's (EU) General Product Safety Regulation (GPSR) is a set of rules that requires consumer products to be safe and our obligations to ensure this.

If you have any concerns about our products, you can contact us on ProductSafety@springernature.com

In case Publisher is established outside the EU, the EU authorized representative is:

Springer Nature Customer Service Center GmbH
Europaplatz 3
69115 Heidelberg, Germany

Batch number: 10809636

Printed by Printforce, the Netherlands